U0054131

新烏托邦主義
New Utopianism

陳岸瑛、陸丁◎著

孟樊◎策劃

出版緣起

　　社會如同個人，個人的知識涵養如何，正可以表現出他有多少的「文化水平」（大陸的用語）；同理，一個社會到底擁有多少「文化水平」，亦可以從它的組成分子的知識能力上窺知。眾所皆知，經濟蓬勃發展，物質生活改善，並不必然意味著這樣的社會在「文化水平」上也跟著成比例的水漲船高，以台灣社會目前在這方面的表現上來看，就是這種說法的最佳實例，正因爲如此，才令有識之士憂心。

　　這便是我們——特別是站在一個出版者的立場——所要擔憂的問題：「經濟的富裕是否

也使台灣人民的知識能力隨之提昇了？」答案恐怕是不太樂觀的。正因為如此，像《文化手邊冊》這樣的叢書才值得出版，也應該受到重視。蓋一個社會的「文化水平」既然可以從其成員的知識能力（廣而言之，還包括文藝涵養）上測知，而決定社會成員的知識能力及文藝涵養兩項至為重要的因素，厥為成員亦即民眾的閱讀習慣以及出版（書報雜誌）的質與量，這兩項因素雖互為影響，但顯然後者實居主動的角色，換言之，一個社會的出版事業發達與否，以及它在出版質量上的成績如何，間接影響到它的「文化水平」的表現。

　　那麼我們要繼續追問的是：我們的出版業究竟繳出了什麼樣的成績單？以圖書出版來講，我們到底出版了那些書？這個問題的答案恐怕如前一樣也不怎麼樂觀。近年來的圖書出版業，受到市場的影響，逐利風氣甚盛，出版量雖然年年爬昇，但出版的品質卻令人操心；有鑑於此，一些出版同業為了改善出版圖書的品質，進而提昇國人的知識能力，近幾年內前

後也陸陸續續推出不少性屬「硬調」的理論
叢書。

　　這些理論叢書的出現，配合國內日益改革
與開放的步調，的確令人一新耳目，亦有助於
讀書風氣的改善。然而，細察這些「硬調」
書籍的出版與流傳，其中存在著不少問題。首
先，這些書絕大多數都屬「舶來品」，不是
從歐美「進口」，便是自日本飄洋過海而
來，換言之，這些書多半是西書的譯著。其
次，這些書亦多屬「大部頭」著作，雖是經
典名著，長篇累牘，則難以卒睹。由於不是國
人的著作的關係，便會產生下列三種狀況：其
一，譯筆式的行文，讀來頗有不暢之感，增加
瞭解上的難度；其二，書中闡述的內容，來自
於不同的歷史與文化背景，如果國人對西方
（日本）的背景知識不夠的話，也會使閱讀的
困難度增加不少；其三，書的選題不盡然切合
本地讀者的需要，自然也難以引起適度的關
注。至於長篇累牘的「大部頭」著作，則嚇走
了原本有心一讀的讀者，更不適合作為提昇國

人知識能力的敲門磚。

　　基於此故，始有《文化手邊冊》叢書出版之議，希望藉此叢書的出版，能提昇國人的知識能力，並改善淺薄的讀書風氣，而其初衷即針對上述諸項缺失而發，一來這些書文字精簡扼要，每本約在六至七萬字之間，不對一般讀者形成龐大的閱讀壓力，期能以言簡意賅的寫作方式，提綱挈領地將一門知識、一種概念或某一現象（運動）介紹給國人，打開知識進階的大門；二來叢書的選題乃依據國人的需要而設計，切合本地讀者的胃口，也兼顧到中西不同背景的差異；三來這些書原則上均由本國學者專家親自執筆，可避免譯筆的詰屈聱牙，文字通曉流暢，可讀性高。更因為它以手冊型的小開本方式推出，便於攜帶，可當案頭書讀，可當床頭書看，亦可隨手攜帶瀏覽。從另一方面看，《文化手邊冊》可以視為某類型的專業辭典或百科全書式的分冊導讀。

　　我們不諱言這套集結國人心血結晶的叢書本身所具備的使命感，企盼不管是有心還是無

心的讀者，都能來 「一親她的芳澤」，進而
藉此提昇台灣社會的 「文化水平」，在經濟
長足發展之餘，在生活條件改善之餘，國民所
得逐日上昇之餘，能因國人 「文化水平」的
提昇，而洗雪洋人對我們「富裕的貧窮」及
「貪婪之島」之譏。無論如何，《文化手邊冊》
是屬於你和我的。

                    孟　樊
                    一九九三年二月於台北

自　序

　　我想，關於這本小冊子，我在〈導論〉和〈結論〉中已做了充分的介紹，現在揚智文化事業股份有限公司希望我再寫一篇自序，我便勉爲其難，再多說幾句吧。

　　一個人選擇什麼哲學來做重點研究，當然與這個人的思想傾向和愛好有關，但有時候也要看緣分。我是碰巧從劉小楓先生的書裡得知恩斯特·布洛赫這個人的，出於某種原因，我開始考慮選擇布洛赫來做碩士論文。布洛赫的書國內沒有一本翻譯過來的，我便到學校圖書館去查。書倒是有幾本，可惜被一位不拘小節的讀者長期據爲己有，令我無計可施。約莫等

了一個學期，才終於把書借到了手。翻開書
卷，我立即被新奇的內容和風格俘獲。從此布
洛赫成了我常常掛在嘴邊的哲學家。從此我發
現了一個分析人生的新視角，什麼「烏托邦」
啊，「白日夢」啊，「幻想」啊，全都成了我
的口頭禪。我忽然發現，天天都在做白日夢，
自己卻從來不曾意識到；回過頭審視自己的青
春年代，那種向上向前的烏托邦情懷是何其濃
厚啊！

　　我以為，布洛赫的烏托邦理論與傳統的烏
托邦主義有非常大的差別，例如，它首先關注
的不是社會制度和政治理想，而是人的精神生
活及其內部結構。因此，布洛赫的理論與我們
每一個人的生活都能發生關係。所以，我很希
望讀者讀完這本小冊子後，也能用烏托邦理論
來反省自己的生活，絕不要讓作為謀生策略的
「現實主義」遮蔽了精神的靈光。

　　初讀馬克思的著作時，總以為「實踐」、
「改造世界」是了不起的東西，後來才發現其
實不然。首先，「實踐」、「改造世界」乃至

「理論與實踐相結合」這些觀念其實並不是馬克思的首創；其次，這些觀念掩蓋了人生與歷史中太多重要的東西。大陸學界喜歡大講特講這些東西，好像這是什麼劃時代的發現似的；以「實踐」這個又大又空的概念構建起來的哲學體系一個接一個，真是不知其所云謂。經過一段時期的反省，我感到馬克思的實踐唯物主義其實不過是現代社會主流意識形態的一個變種而已；這一意識形態在緊追現代化潮流的中國風靡一時，並不讓人感到意外。凡不能實踐、不能兌現的東西，在現代性的概念框架中都成了有罪的「空想」；在現代化玩弄的陰謀中，不再留有精神生活的位置；在「客觀性」的大合唱中（唯物主義只是其中的一種），「主觀性」被抽空了一切有意義的內容。人民嚐到了現代化的甜頭，大家有了更好的生活，這是不可否認的，可是在思想上，我們對現代化耍弄的陰謀卻不可不防。我曾一度墮入過現代性的圈套，把人完全看成是肉身的、此岸的造物，把人的靈性活動稱之爲「實際生活體

驗」（海德格），並由此出發來解讀布洛赫的著
作。在寫作這本書的過程中，我忽然感到原來
的出發點是有問題的，於是我對精神自足性有
了越來越多的關注，對此岸彼岸、對靈肉關係
有了越來越多的考慮。隨著寫作的深入，我發
現布洛赫本人也中了計，什麼「歷史的客觀
趨勢」啦，什麼「改造世界」啦，本來應該
深入挖掘的地方卻淺嚐而止。我爲布洛赫感到
惋惜，同時又躍躍欲試，試圖從布洛赫停步不
前的地方繼續往前走。

　　這一努力在本書中僅僅顯露出某些蛛絲馬
跡，它要走到哪裡去，連我自己也還不知道。
此岸與彼岸、靈與肉這些傳統宗教神學概念顯
然是不夠用的，它們就像磨損得面目不清的硬
幣，需要回爐再鑄才能派上用場。現在，令人
困惑的問題有很多：如果將所有的東西都轉化
爲敘述，那麼真實的生活與虛構出來的東西有
什麼根本區別呢？什麼是真？什麼是幻？真假
這個標準無條件適用於所有的場合嗎？「人
生如夢」這個感受的根據在什麼地方呢？夢幻

世界的邊際在什麼地方呢？

　　看到這裡，不僅讀者糊塗了，連寫作者本人也開始糊塗起來。那些被模糊地感覺到的東西，思想只有小心翼翼地走過很長一段崎嶇小道，才有可能達到。

× × ×

演出開始了

歡迎收看！

目　　錄

導　論
何謂「烏托邦」？

　　何謂「烏托邦」（Utopia）？在中國大陸，毛澤東時代的人把「烏托邦」一詞主要理解爲：空想（不切實際的幻想），因此他們把"Utopian Socialism"翻譯爲「空想社會主義」。與「空想」相對立的概念是「科學」（馬列主義毛澤東思想是科學，是放之四海而皆準的真理，與馬克思主義有別的社會主義是「空想」社會主義）和「實幹」（說得文雅一些即「實踐」）。何謂「空想社會主義」？教科書上說，19世紀空想社會主義的代表人物是聖西門、歐文、傅立葉，他們的學說是馬克思主義的三大來源之一，他們的學說還不是科學，是

不能實現的空想。

　　把烏托邦與科學對立起來理解,可以追溯
到恩格斯,因為在馬克思主義史上,主要是恩
格斯開創了把「烏托邦」和「科學」對立起來
使用的傳統。1872年5月至1873年7月,他在
〈論住宅問題〉一文中首次使用「科學社會主
義」這個概念,過了兩年,馬克思在〈巴枯寧
《國家制度和無政府狀態》一書摘要〉中解釋
說:他們使用科學社會主義這一概念是「為
了與空想社會主義相對立」。最後,恩格斯寫
了一部著名的書叫《社會主義從烏托邦到科學
的發展》[1],這本書確立了「烏托邦/科學」
的經典用法,自此,第二國際和蘇聯(尤其是
在史達林掌權之後)的馬克思主義者們紛紛
用「烏托邦」、「烏托邦的」來攻擊論敵或政
敵,用「科學」來標榜自己,或標榜某種「馬
克思主義正統」。

　　雖然恩格斯沒有在後來那種狹窄的意義上
使用「烏托邦/科學」這對二元概念,但他肯
定用到了這個二元區分,來區分無產階級不成

熟時期（「在這個時候，資本主義生產方式以及資產階級和無產階級的對立還很不發展」）的社會主義思想和無產階級成熟時期的社會主義思想（即馬克思和他的學說）。我們知道，聖西門、歐文、傅立葉本人沒有也不會自稱是烏托邦主義者，相反，他們常常自詡為科學家、發明家、實業家等等（這一點恩格斯知道得很清楚），所以，恩格斯稱他們為「烏托邦社會主義者」，顯然不是沿襲歷史中某個特定的名稱，而是對他們的事蹟、學說做出某種評價，恩格斯的評價可以用他自己的兩句名言來概括：「不成熟的理論，是和不成熟的資本主義生產狀況、不成熟的階級狀況相適應」；「〔所以〕這種新的社會制度是一開始就注定要成為烏托邦的，它愈是制定得詳盡周密，就愈是要陷入純粹的幻想」[2]。從後一句話中，我們可以看到，恩格斯所謂「烏托邦的」，意思就是「純粹的幻想」，也即「不切實際的幻想」、「空想」，馬克思一般也這麼使用「烏托邦的」一詞，他們都沿襲了「烏托邦的」一

詞在西方日常語言中既有的一個含義：空想
的。

　　中國的馬克思主義編譯者們乾脆用「空
想」來對譯「烏托邦」，他們的翻譯不僅將
「烏托邦／科學」這個二元概念的內在含義用
明白易懂的詞語固定下來，而且還把「烏托邦
的」與「空想／實幹」這一對日常概念更醒目
地聯繫在一起，從而對大陸學界，尤其是一般
民眾造成了深遠的影響。今天，一提及烏托
邦，人們頭腦中首先閃現出來的詞往往是
「空想社會主義」，由空想社會主義也就想到
了「空想」，稍有學識的人或許還會想到托馬
斯・莫爾（Thomas Moore, 1478-1535）的《烏
托邦》[3]，但他一般也就是從「空想」的意義
上去理解「烏托邦」這個書名的。「空想」在
國人的頭腦中有兩層含義：一、不科學；二、
不切實際或不能「兌現」[4]。

　　有趣的是，80年代以來，由於許多人不
再相信馬克思主義是科學的（「科學」一詞在
大陸的含義往往等同於「客觀真理」），他們

乾脆就暗示馬克思主義是「烏托邦學說」，暗
示共產主義運動是「烏托邦運動」，暗示社會
主義國家是「烏托邦」[5]，不管是在學界還是
在民間，這種現象都屢見不鮮。1998年，一份
大陸最暢銷的報紙上，有人撰文批評80年代
以來「對『烏托邦』的批判」，說「改革以來，
對『烏托邦』的批判已經持續了十幾年，從
『烏托邦祭』到『走出烏托邦』、『告別烏托
邦』的提法至今不衰」。作者要求重新理解
「烏托邦」，但有趣的是，他仍然把烏托邦理
解為「空想」，他說：「其實烏托邦無非是不
能實現之事。」[6]

　　在中文語境中，「空想」往往和「實幹」
對照起來使用，意味著「不能實現、不能兌
現的」。「空想／實幹」這一對概念在意識形
態領域可以追溯到馬克思，馬克思一直很關注
改造世界的「實踐」活動，在1843至1844年寫
作的《黑格爾法哲學批判》導言中，他曾在
「不能實現的」意義上使用過「烏托邦的」一
詞[7]，他有一句話在大陸學界經常被引用：

「哲學家們只是用不同的方式解釋世界，而問題在於改變世界」[8]，大陸有很多人甚至把馬克思的「哲學」稱之為「實踐哲學」（本體論），把實踐奉為「檢驗真理的唯一標準」（認識論），把「實踐」概念的提出稱為哲學的劃時代革命（！？）[9]。把「空想」和「實幹」簡單地對立起來，容易使人忘記烏托邦幻想與改造世界的行動的之間的關係。

　　其實，這不全是翻譯的過錯，用「空想」（不科學的、不能實現的）去譯恩格斯、馬克思所謂「烏托邦的」，是很恰當的。但這也不全是恩格斯和馬克思的過錯，因為在他們之前，西方人早就在「空想」的意義上使用烏托邦一詞。馬克思做出的「貢獻」主要是：加強了「烏托邦的」和「實踐」或「現實」之間的反義聯繫；恩格斯做出的主要「貢獻」是：用「烏托邦／科學」將馬克思主義的社會主義學說和非馬克思主義的社會主義學說劃分開來。由於馬克思主義的科學性同時表現為它的階級性、黨性，恩格斯的這一劃分實際上包含著另

一條劃分標準：無產階級還是非無產階級，講
階級鬥爭還是不講階級鬥爭；在十月革命之
後，這一劃分標準進一步擴展爲：馬克思主義
產生後的社會主義學說和馬克思主義產生前的
社會主義學說，東方社會主義國家的社會主義
思想和西方資本主義國家的社會主義思潮，
馬、恩、列、史的社會變革方案和非馬、恩、
列、史的社會變革方案，正統的社會主義和小
資產階級知識分子的社會主義。這一劃分標準
無疑對非馬克思主義和前馬克思主義的社會主
義思想／實踐是很不公正的，乃至馬庫色說，
「社會主義要從科學回到烏托邦」。

　　整體而言，以上各種關於「烏托邦」的提
法，都把「烏托邦」與某種變革社會的企圖或
某種社會理想聯繫在一起。在西方，還有另外
一套理解方式，即從文學的角度去理解烏托
邦，把關於理想社會的小說或其他文體稱之爲
「烏托邦的……」。確實，西方存在著一種文
學體裁，叫「烏托邦小說（或故事）」，這類
小說都在某種程度上模仿莫爾的《烏托邦》，

幻想和描繪海外、未來或過去的某個理想社
會。從嚴格的意義上來說，聖西門（Henri
Saint-Simon, 1760-1852）、歐文（Robert Owen,
1771-1858）、傅立葉（Charles Fourier, 1772-1837）
的著作不能算作「烏托邦小說」，他們的著作
主要是闡述他們的「科學發現」，詳細描述他
們的社會改造方案，如傅立葉，他自認為是
「發明家」，是「新世界的發明人」，他把「法
郎吉」（大型的生產消費合作社）的理想人數
規定為一千六百二十人，一個也不多，一個也
不少，據他自己說，這是按照人類性格的兩倍
計算出來的，傅立葉喜歡在書中引用數字，以
顯得「科學」，但為什麼性格的數目正好是八
百一十，而不是八百二十，這仍然是他個人的
秘密[10]。

　　聖西門、歐文、傅立葉的想法主要是建立
生產消費合作社，其實這種想法在當時大工業
生產不發達的情況下並不完全是空想，只要擁
有足夠的基金，窮人為什麼不能組織起來自己
生產、自己消費呢？早在18世紀下半期，在

法國的書刊中就出現了一系列組織「合作社」
的方案，據說「生活在公社中的一切人都比
單獨經營的人富裕得多」[11]，歐文在愛爾蘭的
紐拉納克工廠當經理期間，為工人的福利做了
許多工作，工廠的股東獲得的利潤不僅沒有因
此減少，反而增多了，即使在經濟危機期間，
工廠不開工，工人照樣可以領工資，歐文用這
個例子來說明實現合理的勞動制度的好處，並
向國會建議建立勞動公社以解決失業問題，不
幸的是，工業革命所啟動的現代化潮流並沒有
像歐文他們設想的那樣發展，想要維持自給自
足的生產方式無論如何也不可能了，市場運作
起來並向全世界擴張，離開了市場，社會化大
生產就會停滯不前，陷入政治上的有秩序（專
制）和生產上的無秩序，最後只能像蘇聯那樣
崩潰。歐文他們怎麼能看到這一點呢？以現在
的眼光來要求他們、並由此說他們是空想，這
豈不是要求太高了？

　　還是回頭來說「烏托邦小說」。英國的威
廉・莫里斯（William Morris, 1834-1896）的

《烏有鄉消息》就是一部典型的烏托邦小說，小說的主人翁在夢中發現自己進入了未來的英國，在那裡共產主義已經實現了，人的整個生活方式和思想觀念都發生了天翻地覆的變化。小說的特點在於：它是一種自覺的虛構，也就是說作者自己知道自己在虛構，透過虛構，作者寄託了自己的理想、情操以及對現實的不滿和批判。《桃花源記》裡的漁人偶然在山谷裡發現了一個「不知有漢，無論魏晉」的樂土，第二次去卻再也找不著了，這篇散文餘音裊裊地結束在悵惘的情緒中；《烏托邦》裡的航海家則偶然闖入了海外的烏托邦島，小說由「我」與航海家的對話構成，最後由「我」點出了整個敘述的虛構性質：「烏托邦國家有非常多的特徵，我雖然願意我們的這些國家也具有，但畢竟難以希望看到這種特徵能夠實現。」

　　恩斯特‧布洛赫在《希望的原理》的導言中曾對烏托邦小說的這種虛構性質（或者說遊戲性質）進行過批評：「『烏托邦』概念一

方面被不恰當地限定在過於狹隘的意義上，即用來特指關於理想國度的小說（novel），另一方面（這也是首要的一方面），由於這些小說的明顯的抽象性，『烏托邦』概念保留了這一抽象的遊戲形式，以致於獨獨社會主義從烏托邦到科學的發展過程被排除在外、被移走了。」[12]布洛赫站在馬克思主義立場上對「抽象的遊戲形式」的批評顯然有些過火，因為我們的幻想和白日夢不一定非得要指向現實、不一定非得要朝「美夢成真」那個方向上走，幻想和白日夢作為一種遊戲有其自身的意義，更深入的說，其實人生在一定意義上就是由一連串的夢組成的，人生活在很多世界中，每個世界都有自己的遊戲規則和玩法，所謂「現實世界」只是其中的一種罷了——說得通俗一點，投入地下一盤棋、打一場球、看一部金庸的小說，這些都可以說是人生。不過，布洛赫指出不要把「烏托邦」概念局限在「關於理想國度的小說」上，這倒是值得我們注意的。比如科幻小說就不是關於「理想國度」而是關

於「尖端技術」的，但它不應完全被排除在
「烏托邦」概念所統轄的區域外。當然，布洛
赫關於「烏托邦」概念的思考，還有比這深得
多的含義，這一點下面慢慢會談到。

　　可以肯定的是，「烏托邦」首先是一個由
托馬斯‧莫爾虛構出來的島國的名稱，然後它
才發展成一個越來越複雜的概念。不過，由於
「烏托邦」一開始（在莫爾那裡）就是一個有
特定含義（也即有概念內容）的合成詞，因此
它不同於「張三」、「陸丁」、「乙醇」這類
標籤式的、無概念內容的專有名詞。"Utopia"
是由"u"和"topia"兩部分組成的，"u"來
自希臘文"ou"，表示普遍否定，"topia"來
自希臘文的"topos"，意思是地方或地區，兩
部分合起來意指：不存在的地方，相當於英文
裡的"No-where"、"No-place"。同時，"u"
也可以和希臘文中的"eu"聯繫起來，"eu"有
好、完美的意思，於是"Utopia"也可以理解
為"Eutopia"──完美的地方、理想國。

　　《烏托邦》的文學形式（海外旅行見聞）和

古希臘後期的遊記體裁的小說很相近，但更重要的是，莫爾身處十五至十六世紀的地理大發現時代，同時代的《宇宙誌引論》（1507）和《新世界》（1511）等書都對他產生過影響。此外，柏拉圖的《理想國》、耶穌的福音和訓誡、原始基督教團財產共有的組織形式，這些都是莫爾寫作《烏托邦》時可供參考的原型。莫爾所設想的烏托邦島人的生活，其最大的特點是財產公有，這使他成為近代世俗社會主義 [13]的鼻祖。

　　莫爾對公有制提出的疑問是：「一切東西共有共享，人生就沒有樂趣了。如果大家都不從事生產勞動，他就愛逸惡勞，只指望別人辛苦操作。」[14]但是這種疑問在「烏托邦島」是不成問題的，在「烏托邦島」人人都勞動，主要是務農，其次是從事手工藝勞動，每天工作六小時，其餘時間用於休息、娛樂或做學術探討，由於沒有不勞而獲的社會蛀蟲，每天六小時的勞動產生出足夠的產品，人們按需分配，黃金賤如糞土。不過，莫爾提出的這個疑問並

沒有真正得到解答，實際上，這個疑問困擾著以後所有嚴肅的社會主義者們，這一疑問是：在未來的公有制下，人們的勞動熱情從何而來？在理想社會中，維持高水準生產力的動力機制何在？

　　傅立葉（「情欲引力說」）、莫里斯（手工勞動是愉快的）、恩格斯（經常調換工作）、馬庫色（「愛欲說」）都試圖說明勞動本身可能是愉快的、為人所必須的。這一類回答無論怎樣都讓人聯想起中世紀的手工業作坊，無論如何都難以與現代城市生活圖象相協調。另一類回答與現代化的趨向聯繫得更緊密，馬克思即是一個代表，他把人的自由以及全面發展與閒暇時間聯繫在一起，而閒暇時間是可能隨著技術的進步而增長的，也就是說，隨著機器的自動化生產越來越多地取代了人的「活勞動」，產品的（交換）價值會變得越來越小，人的閒暇時間會越來越多，因而最終有可能從強制性的生產勞動中解脫出來（當然，在私有制下，總是那些占有資本、分享資本的人才有可能享

受閑暇，他們盜取了雇傭勞動者的時間，使得
另一部分人終日為生計奔波）。

　　馬克思的女婿保羅・拉法格（Ｐａｕｌ
Lafargue, 1842-1911）為「崇高的懶散」和「閒
暇的樂趣」高唱讚歌，他的《懶散的權利》
（*The Right To Be Lazy*）一書與那種「〔體力〕勞
動光榮」、「勞動人民當家作主」的腔調構成
了鮮明的對比。關於閒暇時間的說法顯然更容
易為現代人接受。當公有制真的在東方落後國
家建成之後，最早由莫爾提出的疑問似乎被現
實不幸驗證了：「吃大鍋飯」的人民群眾常常
消極怠工，政府不得不動用各種強制手段迫使
農民和工人從事高付出、低收入的勞動，並宣
揚一種「越窮越光榮」的禁欲主義思想，但這
一切不過表明，貧窮的公有制不是社會主義，
至於富有的公有制存不存在缺乏勞動熱情的問
題，還是無法驗證。

　　當計劃經濟進入崩潰階段，在意識形態領
域出現了計劃經濟和市場經濟之爭，改革勢在
必行。改革帶來了市場，市場帶來了效率，也

帶來了按資分配這一私有制的基本原則。目前的一切跡象都表明，現代化大生產離不開市場，市場無疑給我們帶來了比過去好得多的生活，可是迄今為止，我們依舊被異己的社會權力控制和掌握，依舊無法逃脫苦役勞動的陰影，因此我們仍然有理由去想像一種超越了私有制和市場經濟的理想社會，在此，莫爾的疑問轉變為這樣一種疑問：沒有私有財產和市場（尤其是勞動力市場）競爭的刺激，人們是不是就懶得勞動了？

　　也許到那個時候，我們根本就不必參加強制性的生產勞動，就像本書作者之一陸丁說的那樣，一邊是居民區，一邊是機器區，機器負責全部生產，每個人只要隨時在Intra-Net上按緊迫程度鍵入自己的需要，大型的電腦就能虛擬出一個「市場」，調控機器區的生產，從而按人們的需求，而不是按購買力來「分配」各種產品[15]。關於莫爾提出的疑問就討論到這裡，讓我們回到正題上。

　　由於莫爾的《烏托邦》一書闡發了廢除私

有制、建立公有制的思想，這就使得人們易於
把「烏托邦」與「社會主義」連起來用，最後
造出「烏托邦社會主義」一詞。「烏托邦社會
主義」中的「烏托邦（的）」是起修飾作用的
形容詞，在英文中這個形容詞是：
"utopian"，更容易讓人看出它與"utopia"的不
同。變成形容詞的「烏托邦」顯然更像一個概
念，而不像一個名稱。「烏托邦的」這個概念
在恩格斯那裡的意思是：空想的。但由於「烏
托邦社會主義」終究是個名稱，是個標籤，所
以「烏托邦的」在恩格斯那裡並沒有獨立出來
成為一個哲學概念。後來，「烏托邦的」在一
些拙劣的馬克思主義者那裡演變成了一個與
「科學的」相互依賴的概念，他們急於用這個
概念來打擊對手，結果把「烏托邦」和「烏托
邦的」可能包含的那些有價值的概念內容給遺
忘了。至少，在「烏托邦／科學」這對二元概
念中，非馬克思主義的其他一切社會理想先天
地就被不平等地對待了，無數寶貴的文化遺產
就這樣被輕描淡寫地一筆帶過。

　　哲學概念是用來述說與我們有重大關係的事情的。「烏托邦」、「烏托邦的」與人類精神生活中一類非常重要的現象實情密切相關。「人們曾多少次如是夢想啊，人們曾多少次夢見可能存在的美好生活啊！所有人的生活都充溢著白日夢。」[16]使「烏托邦的」和「烏托邦」最終成為哲學概念的是恩斯特・布洛赫（ Ernst Bloch, 1885-1977 ），他是我們這本書的主角。

　　早在17世紀以前，「烏托邦」的形容詞形式就出現了，「烏托邦的」不僅是一個貶義的表性質的形容詞（奇思怪想、空想、幻想），而且還可用來指一種心理能力或精神傾向。布洛赫正是在後一個意義上發展了「烏托邦的」這個概念，他用「烏托邦的」來指世界中普遍存在的一種精神傾向：趨向（尚未到來的）更好狀態的意向（ intention ）[17]。這一精神現象表現在各方面，隨處都可見到它的蹤跡。布洛赫從如此理解的「烏托邦的」概念反過來理解「烏托邦」，於是就有了「社會烏托邦」、「技

術烏托邦」、「地理烏托邦」、「醫藥烏托
邦」、「建築烏托邦」這些劃分。各種社會主
義學說（包括馬克思主義在內）均屬於「社會
烏托邦」，社會烏托邦也即對理想社會的勾
勒、描繪或設計，除了社會烏托邦之外，烏托
邦還有其他的表現形式──布洛赫對「烏托
邦」概念的使用，顯然比前述的狹隘用法更
接近現象實情。在布洛赫那裡，「烏托邦」與
「希望」（hope）、「朝前的夢想」（forward
dream）等概念意思相近，「烏托邦的」則與
「希望的」（wishful）、「期盼的」（anticipating）
等概念意思相近。

　　在布洛赫那裡，「烏托邦的」（utopian）常
常和精神、意識、期盼連用。烏托邦意識，也
可以叫做烏托邦期盼（anticipation）或烏托邦精
神，泛指對更好更完美的未來的期盼、預感和
預顯（pre-appearance）；該意識的結構是「尚
未」（not yet），故也可稱爲「尚未意識」。
該意識普遍地存在於整個階級社會，也即人類
的「史前史」之中，甚至也存在於宇宙和自然

中。布洛赫有時候把「烏托邦的」和「功能」、「內容」這兩個概念連用，「烏托邦功能」是「體」，「烏托邦內容」是「用」，或者說是烏托邦功能的表現形式 [18]。烏托邦功能表現在個體心理和整個文化領域中：個體的白日夢，集體創作出來的神話、史詩、傳說、寓言、童話、民間故事，作爲大眾文化的服飾、展示（商店櫥窗、廣告）、旅行、舞蹈、電影、戲劇，還有社會烏托邦（如「空想社會主義」）、醫藥烏托邦（如對長生不老的幻想）、技術烏托邦（如古代人關於飛行器或潛水艇的幻想）、建築烏托邦（如歌德式的大教堂）、地理烏托邦（如對「新大陸」的嚮往）、以及繪畫和文學中充滿希望的風景描繪（wishful landscape），宗教、神秘主義、智慧等等。它既可以表現爲迷信、幻象或不切實際的空想，也可以表現爲某種理性的預期與規劃。

　　「烏托邦」或「烏托邦的」，在布洛赫的詞典中首先是中性詞，布洛赫用它們來爲人類生活中某種普遍的精神現象命名。但是「烏

托邦意識」並不包括全部的夢想、幻想或想像，而主要是指朝前的夢想（forward dreaming），這是因為，布洛赫接受了馬克思主義預設的價值判斷，按照能否促進現實世界的改造、是否指向〔願望的〕實現，把願望（wish）分為向上的、向下的兩類，向上的是烏托邦願望，向下的則是「向原始與黑暗的倒退」和虛無主義，同樣地，把夢想（dream）分為大的（重要的、恢宏的）、小的（不重要的、瑣碎的）兩類，大的是烏托邦夢想，小的則是含糊、不確定的「小白日夢」（小的有待於發展為大的，抽象的有待於發展為具體的，在迷信和意識形態中也能找到烏托邦功能的體現）。儘管如此，我們還是要說，這首先是一種事實描述，其次才是價值的評判，而且可以肯定的是，這種二元對置並不是簡單地出於某種政治上或道德上的考慮。

每個研究者都只注意到自己感興趣的現象，因此其他一些現象必然被放逐到視野的邊緣地帶或目力不及之地，這是無可厚非的，假

若不這樣，則出現在研究者面前的只能是囫圇一團的現象整體，囫圇一團怎麼好去研究呢？研究者首先得劃分出自己的研究對象的區域，然後才能在這一區域中進行中性研究。把烏托邦意識從全部夢想中區分和獨立出來，並不是武斷的、任意的，而是依據現象自身的紋理做出的區分。僅僅是烏托邦意識的領域，已經足夠寬廣、足夠研究者們極目暢懷了。當然，對於我來說，我還會注意到那些自我遊戲著的、意義自足的夢幻，在這些夢幻中，我們能夠體會到人生的深層意義，我會認為布洛赫對此注意得不夠，但我覺得對此不必強求。

　　在此要特別說明的是，在布洛赫的希望哲學（或稱烏托邦詮釋學）中，與「烏托邦期盼」屬於一個譜系的「希望」（hope）、「充滿希望的」或「鼓舞人心的」（wishful）、「曙光」（dawn）、「歡樂的」（joyful）、「光明的」或「明朗的」（bright, blue 或 day-light）、「新」（novum）、「上進」（up-right）、「中正之道」（the straight way）、「至善」（the highest good）

等概念，以及另一個譜系的「原始的」
（archaic）、「黑暗」（dark）、「陰暗的」（dull）、
「退化」或「倒退」（regression）、「虛無」
（nothingness）等概念，都是中性的（現象）描
述詞或哲學概念。

　　至於用「烏托邦意識」或「烏托邦期盼」
來命名的那類精神現象究竟是什麼，正是本書
要介紹並加以詳細闡述的。布洛赫是一個終生
持續不斷地關注同一個問題的哲學家，《希望
的原理》是一部集大成式的著作，在這部書
中，作者不僅思想已臻成熟，而且在收集材料
方面也可謂琳瑯滿目、洋洋大觀，因此選擇這
部書（英譯本）來介紹布洛赫的烏托邦理論，
是綽綽有餘的。在這部包羅萬象的著作中，布
洛赫從個體心理（精神分析學）、意識結構
（現象學）、社會意識（對烏托邦精神的百科
全書似的描繪）和社會存在、歷史運動（馬克
思主義）這四個方面對「烏托邦精神」進行了
全面的刻劃與探究。本文也將從這幾個方面來
介紹和評價布洛赫的烏托邦理論，就其中的一

些重要問題進行討論，並提出自己對這些問題
的看法。布洛赫自己在「導言」部分介紹了
《希望的原理》這部書的宗旨、結構和基本內
容，本書中出現的布洛赫的概念，基本上都可
以在《希望的原理》「導言」中讀到。

　　《希望的原理》全書由五大部分組成：

　　一、小白日夢（「報導」），「本書以日常
化的白日夢爲其開端，這些白日夢自由而隨意
地選自從小到老的人生諸階段。它們構成了第
一部分：關注街頭巷尾的常人及未經規整的願
望（ unregulated wishs ）的報導」[19]。

　　二、期盼意識（「基礎」），這一部分是全
書的核心和基礎部分，「這一部分的核心任務
是發現『尚未意識』（ the "Not-Yet-Conscious" ）並
找到一套準確地標記它的符號」[20]。布洛赫在
這一部分批判性地吸收了海德格和佛洛伊德的
學說。

　　三、鏡中的希望意象（「轉變」），這一部
分描述和分析了服裝、展示（ 商店的玻璃櫥
窗和廣告等）、旅行、童話、舞蹈、電影、戲

劇等文化現象中歪曲地或天真地映現出來的烏托邦精神 [21]。

四、更美好的世界的輪廓(「結構」),這一部分收集了歷史中出現的各種「烏托邦」:社會烏托邦、醫藥烏托邦、技術烏托邦、建築烏托邦(如歌德式的大教堂)、地理烏托邦、以及繪畫和文學中充滿希望的風景描繪(wishful landscape)。

五、關於〔願望〕實現時刻的希望意象(「〔自我〕認同」),論及道德、音樂、死亡、宗教、自然環境、至善,最後討論了馬克思與人性、希望的關係(布洛赫把馬克思學說理解為向未來開放的人本主義和「具體的烏托邦」)。

《希望的原理》文筆優美,結構恢宏,充滿了大量細緻入微的描繪和分析。該書的導言是一篇鏗鏘有力的宣言,其中有一段話很好地闡明了布洛赫進行烏托邦研究的宗旨和意義,或許能增進我們對於「何謂『烏托邦』」這一問題的理解:

　　所有人的生活都充溢著白日夢：一部
分白日夢陳腐不堪，或者是軟弱無能的逃
避主義，或者僅僅是騙子們的戰利品，而
另一部分白日夢卻鬥志昂揚，絕不甘心接
受惡劣的現實，絕不甘於放棄權利。後一
部分白日夢以希望為其核心，而且可以傳
授。它可以從凌亂的、偷偷摸摸、不務正
道的白日夢中擺脫出來，贏得活力，而不
至黯然湮滅。從無一個人活著而不做白日
夢的，但問題在於，要深入認識白日夢，
訓練它們走正道，發揮有益的作用。要讓
白日夢變得更豐盈，這意味著它們要憑借
清醒的眼光而使自己變得豐富起來；不是
變得凝澀不通，而是變得更加清晰，不是
僅僅用冥思的理性（contemplative reason）
如其本然地來把握事物，而是用參與的理
性（participating reason）在發展中把握事
物，故也在可能朝更好的方向發展這一層
次上來把握事物。因此應讓白日夢變得更
豐盈，也即更清晰，更少散漫性，更常見

（familiar），更易為人明白地理解，更多
地隨著事物的進程得到調解（mediated）。
惟其如此，想要變得成熟的小麥才能得著
鼓勵去成長，才能獲得豐收。[22]

　　本書重點介紹的是布洛赫所說的「基礎
部分」，讀者理解了這一基礎，就能進入「烏
托邦」領域，就能找到入手點來分析生活中
大量存在著的、卻又視若無睹的願望和夢想現
象。正如布洛赫自己所說的那樣，「『尚未意
識』、『尚未形成』（Not-Yet-Become），儘管
它們充實著每個人的意義以及每個存在者的邊
緣域，卻至今沒能形成詞語，更不用說形成概
念了。這一大片繁花似錦的問題區域，在以往
的哲學中差不多可以說是無人問津」[23]。布洛
赫是西方馬克思主義中最具新意的一個哲學家
（在整個西方哲學史上，他也算得上開創性的
人物），在 20 世紀的馬克思主義者中，基本
上只有他對「烏托邦精神」最有瞭解。
　　在20世紀的馬克思主義者 [24]中，除了布

洛赫不簡單地、武斷地對待「烏托邦」外，主要還有阿多諾(T. W. Adorno, 1903–1969)和馬庫色(H. Marcuse, 1898–1979)。

阿多諾認為，「藝術可能提供一個未來社會的『真實』預示，其途徑乃在於它和諧地統一了形式和內容、功能與表現、主體與客體」，也即具有「烏托邦和諧」[25]。阿多諾對藝術的這一認識，與布洛赫較為接近，但也有不同：阿多諾更強調藝術中的「和諧統一」與理想社會的相似，布洛赫則強調藝術中的烏托邦意象對未來的預示。在阿多諾這裡，「烏托邦和諧」意指人們所幻想的「和諧」，「烏托邦 (的)」有「幻想」、「想像」乃至「空想」的意味；而在布洛赫那裡，「烏托邦」指人們所期望的好東西、或尚未到來的好東西，「烏托邦的」則指某種能力、趨向。在社會領域中，阿多諾大多數時候對「原始和諧」(主客交融或天人合一狀態)持懷疑態度。阿多諾認為，實現了的社會主義、甚至「擺脫了枷鎖的、產品豐富」的共產主義社會，並不必然就

是實現了人的自由的「千禧王國」，這是因為，事實總比幻想和理論預期要複雜。在「奧斯維辛」和「布拉格之春」之後，阿多諾對於樂觀的啟蒙主義以及隸屬此的傳統烏托邦設計，持一種謹慎的態度，他說，「根本就不存在不再會有邪惡的世界」[26]。此外，阿多諾認為主客體存在著根本的差異，主客融合為一是根本不可能的，因此主客體間始終存在著張力。

阿多諾基本上沒有在褒義上使用「烏托邦」一詞，因為他對傳統的社會烏托邦持懷疑態度，但是他在一個基本點上接受了布洛赫的「尚未」存在論。在布洛赫那裡，傳統形而上學的公式："A=A"，轉變成烏托邦函數式："A=not yet A"，即A是它尚未是的東西。阿多諾接受了這一思想，並將它與自己對主客體矛盾的反思結合起來。一方面，主體必須根據客體來調整自己的認識與行動，另一方面，主體可以向現存的客體樣態說「不」，改造現實，實現理想。非同一性意味著這兩個方面，後一

方面正是烏托邦功能的體現。與黑格爾和馬克思不同，阿多諾對「應當」持肯定態度：「觀念生存在要求事物所是的樣子和它們實際所是的樣子之間的空隙」[27]。思想是流動的、向事物開放著的，「思想是一種否定的行動，是抵制強加於它東西的行動」[28]。在「計算理性」（或者如馬克思指出的商品拜物教）占統治地位的現時代，由於思想的「同一性」與現實社會的「同一化力量」的和謀，使得哲學在對事實和邏輯的崇拜中忘了合乎邏輯的事實竟是如此不合乎主體的要求，因此，「否定的辯證法為刺透它的變硬的對象所使用的手段的可能性」[29]。黑格爾在《小邏輯》導言中曾說，「哲學所研究的對象是理念，而理念並不會軟弱無力到永遠只是應當如此，而不是真正如此的程度。所以哲學研究的對象就是現實性」[30]（當然，黑格爾的辯證法並沒有真正達到現實性）。與黑格爾強調「真正如此」貶低「應當如此」相反，阿多諾高揚了思想對現實說「不」並嚮往更美好的未來的這樣一種「主觀

性」。在這裡，阿多諾實際上把烏托邦的要素
帶進了否定的辯證法。社會烏托邦存在於批判
與拒絕中，而不應存在於僵化的社會藍圖中，
這一「批判理論」的立場，基本上是法蘭克福
學派的共識，如「偉大的拒絕者」馬庫色，
就持這種立場。因為馬庫色的立場涵蓋了阿多
諾的立場，故本書不擬專門介紹阿多諾，而是
主要介紹馬庫色。

　　1967 年，在一次題為〈烏托邦的終結〉
（The End of Utopia）的講演中，馬庫色說，
與「烏托邦」相聯的「不可能」有兩種可能的
含義，一種是既存的社會制度擋住了實現某種
新社會的道路，該社會改造計畫並不是絕對的
不可能，實際上只是暫時難以實行罷了（如社
會主義理想）；另一種不可能是絕對的不可
能，也就是說某一社會改造計畫與已被科學發
現了的客觀規律（如生物學規律、物理學規律
等）相矛盾。馬庫色認為，只能在後一個意
義上使用「烏托邦」一詞，也就是說，人們只
有在確知某種社會理想違反了自然規律時，才

能指責這種社會理想是「烏托邦」，而這種情況並不適合於社會主義理想，因此，說社會主義是烏托邦是不恰當的。在此，馬庫色基本上是在貶義上使用「烏托邦」一詞，烏托邦與「絕對不可能」也即「空想」聯繫在一起，因此應終結。馬庫色對「烏托邦」的釋義存在許多問題，而且與下列說法自相矛盾。

　　馬庫色實際上非常讚賞超越既存社會的「烏托邦精神」，他曾在褒義上使用過「烏托邦（的）」概念，試圖用「烏托邦（的）」來修飾那些被既存社會擋住去路的衝動（impulse）、熱望（aspiration）和幻想（fantasy）。他說，「從科學到烏托邦而不是從烏托邦到科學或許是通往社會主義的道路」[31]，並號召人們「從馬克思回到傅立葉」[32]。在〈論解放〉（An Essay on Liberation）一文中，馬庫色認為「烏托邦的」的意思不應該是「無此地方」（no place），而是：暫時被現存社會勢力阻擋、卻有可能實現。這剛好與上面的講法相反，在這裡，「烏托邦」意味著「暫時不可行」，而不

是「絕對不可能」。

　　鑑於「烏托邦」一詞有太重的歷史負擔（人們總是在貶義和狹義上使用它），馬庫色在概念使用上猶移不定是可以原諒的。馬庫色對「烏托邦」這個概念的理解，已經和布洛赫的相當接近，故本書也要介紹他的思想。但馬庫色基本上是在「社會烏托邦」層面上來理解「烏托邦」，這與布洛赫的烏托邦詮釋學是有極大的不同。本書將主要在「社會烏托邦」層面上來介紹馬庫色的思想。可以說，馬庫色是20世紀的馬克思主義者中以特別不同於馬克思主義的方式來談未來理想社會的人，他所構想的社會烏托邦絕對不同於傳統的社會烏托邦，在馬庫色那裡，沒有對未來社會的具體描繪，只有對理想社會可能性的論證。從那種具有正面作用的現實原則出發，馬庫色認為現在可以有相當的理由指出這樣下述美好社會是可能的：在這個社會中，沒有額外壓抑；現實原則，也就是理性，和愛欲達成了和解；勞動本身，透過理性的控制，符合於愛欲的所提出的

意向，可以說，烏托邦的棲息地往往就在批判理論之中，這樣做的好處是避免僵化的烏托邦藍圖之設計與實踐，使烏托邦意志保持在當下的生活中，也即保持在對現存社會的拒絕與批判中。

　　本書的題目是「新烏托邦主義」，實際上是指20世紀西方馬克思主義中的「新烏托邦主義」（威廉・莫里斯是第一個寫烏托邦小說的馬克思主義者，但他生活在 19 世紀下半葉，而且他屬於傳統的烏托邦主義），其代表人物主要有兩個，一個是布洛赫，一個是馬庫色，他們是本書的主角。馬庫色一章由我的朋友陸丁完成，他下了相當大的工夫，本來他還可以寫得更長，但限於篇幅，而且考慮到大家對馬庫色已相當熟悉，所以只好忍痛割愛。

註　釋

[1] 這本書原是《反杜林論》的第三章，經改編後，首先以〈烏托邦社會主義和科學社會主義〉為題發表在法國一家社會主義雜誌上，1883 年，這一著作出版了德文本，名為《社會主義從烏托邦到科學的發展》。

[2] 見《馬克思恩格斯選集》，第三卷，人民出版社 1972 年版，第 409 頁；本書把「空想的」改譯為「烏托邦的」。

[3] 原名 *De optimo Reipublicae statu, deque nova insula Utopia*，1516 年出版。

[4] 如今大陸有一個時髦的詞叫「變現」，「變現」就是變成現鈔。

[5] 烏托邦的「邦」字有助於人們把它理解為國家。

[6] 秦暉：《告別強制》，《南方周末》，1998 年 11 月 6 日。在同一份報紙上還轉載了這麼一條消息：「一個關於『今天，我們怎麼夢想』的調查，在中國京滬渝港四城市完成，『令人始料未及的是，當所有數據、結果擺在一起，它們紛紛指向一個令人震驚的結論：中國人已經沒有夢想了。』人們的夢想不再是《辭海》定義的『不切實際的空想』，而變成了住房、轎車、出國等一系列人生

計畫和目標。而另一些『真正的夢想』也變得耐
人尋味：一位重慶司機說自己是公安局長就好
了；北京一位退休工人的夢想是：沒有腐敗，為
官清廉。」〔《新周刊》（雙周刊）1998 年 11 月 1 日〕這
則短訊中「夢想」一詞的使用相當混亂，這說明
我們生活中某些十分重要的現象還缺乏比較貼切
的概念去概括。

[7]　「對德國來說，徹底的革命、全人類的解放並不
　　是烏托邦式的空想，只有部分的純政治的革命，
　　毫不觸及大廈支柱的革命，才是烏托邦式的空
　　想。」見馬克思，《黑格爾法哲學批判導言》，
　　《馬克思、恩格斯選集》第一卷，人民出版社 1972
　　年版，第 13 頁。「烏托邦的」一詞在這裡並不是
　　一個術語，而是一個日常語彙，這說明早在馬克
　　思以前，人們就把「烏托邦的」理解為「空想」的
　　了。

[8]　馬克思，《關於費爾巴哈的提綱》。

[9]　須知，馬克思關於「理論／實踐」的提法主要針
　　對的是「反省理性自身」的德國思辨哲學，當時
　　的法國的啟蒙哲學和社會主義思想充滿了「實踐」
　　精神，馬克思到巴黎後受到了這種精神的強烈影
　　響，他對德國意識形態的批判，正是始於法國和
　　德國狀況的對比，如明確地使用過「理論／實踐」
　　概念的《黑格爾法哲學批判》導言，「在法國，
　　只要有點什麼，就能占有一切」，「德國的……

任何一個等級……缺乏鼓舞物質力量實行政治暴政的感悟」，「不在現實中實現〔德國思辨〕哲學，就不能消滅〔德國思辨〕哲學」等等。「實踐／理論」的劃分和實踐的優先性早在亞里斯多德就提到了，德國唯心主義一直也在用「理論／實踐」這對概念。

[10]〔蘇〕阿·魯·約安尼相，《傅立葉傳》，汪裕蓀譯，商務印書館1961年版，第88頁。還在少年時代，他就以「發明家」自居，醉心於制定各種社會改革方案，而且也對各種不同問題作過幻想。後來他說，恐怕他是第一個想出車輛沿著鐵軌行駛的念頭的，他甚至還研究過樂譜的改進問題。（見該書第41頁）

[11]20世紀初，受無政府主義影響，中國很多知識分子都曾幻想要建立半耕半讀或半工半讀的協作社。

[12]Ernst Bloch, *The Principle of Hope*（The MIT Press, 1986), p.14.

[13]以區別於基督教共產主義。世俗社會主義一般都具有人文主義或啓蒙思想的理論淵源。

[14]托馬斯·莫爾，《烏托邦》，戴鎦齡譯，商務印書館，1996年，第45頁。

[15]這個烏托邦雖然看起來有點像「懶人的天堂」，其實卻可以看作是對馬克思主義的那種建立在全部自動化基礎上的烏托邦的補充。按照馬庫色的

　　說法，全部自動化是馬克思主義關於從資本主義
向社會主義社會轉化的一個根本性的條件之一。
不過，全部自動化並不能像馬庫色或馬克思設想
的那樣使交換不再存在。因為全部自動化和機器
即生產工具的私有並不矛盾。所以交換的消失並
不是自動化的自動結果。不過，即使這一條不能
成立，在這種自動化的烏托邦裡至少有一個好
處：每個人都能成為自己的勞動力的主人。

[16]Ernst Bloch, *The Principle of Hope*（The MIT Press,
　　1986），p.3.

[17]　「〔在『烏托邦法則』中〕『烏托邦的』是個褒義
　　詞，也即與人類相稱的希望及其包括的全部內容
　　（contents）。實際上，這個概念所標示的東西存在
　　於逐漸能夠容納任何所與物的意識的邊緣域
　　（horizon）中，存在於越升越高的上升的視野邊緣
　　（horizon）中。朝向尚未實現的可能性的盼望、希望
　　和意向，它們並不僅僅是人類意識的基本特性；
　　如果得到具體的校正和把握，那麼它們也是客觀
　　實在整體的一個基本的規定性（determination）。」
　　Ernst Bloch, *The Principle of Hope*（The MIT Press,
　　1986）, p.45. "Principle"（原理）也可譯為法則，與
　　「自然法則」用法同，泛指貫徹全宇宙的法則、原
　　則。

[18]體用關係就像「月印萬川」，烏托邦功能是
　　「體」，是印照萬川的月亮。

[19]布洛赫在 "report" 一詞上加了著重號，具有「報
　　導」風格的散文是很具布洛赫特色的東西，具有
　　類似文風的是布洛赫的朋友、《單行街道》的作
　　者——班傑明。他們在小型的、收放自如的散文
　　中，觀察、揭示和報導世界、人生的細節和「秘
　　密」。——著者註。

[20]"notation" 一詞令人想到音樂中的「記譜法」。—
　　—著者註。

[21]這一部分涉及到對大眾文化的分析，對大眾文化
　　研究感興趣的讀者可著重閱讀。

[22]Ernst Bloch, *The Principle of Hope* (The MIT Press,
　　1986), pp.3-4.

[23]Ernst Bloch, *The Principle of Hope* (The MIT Press,
　　1986), p.6.

[24]威廉‧莫里斯是第一個寫烏托邦小說的馬克思主
　　義者，但他是 19 世紀的人，故不在本書討論範圍
　　之內。

[25]見〔美〕馬丁‧傑(Martin Jay)，《法蘭克福學派
　　史(1923-1950)》(*The Dialectical Imagination: A His-*
　　tory of the Frankfurt School and Institute of Social
　　Research 1923-1950)，單世聯譯，廣東人民出版
　　社，1996 年版，第 206 頁。

[26]阿多諾，《否定的辯證法》，重慶出版社，1993
　　年，第 214 頁。

[27]阿多諾，《否定的辯證法》，重慶出版社，1993

年，第 147 頁。

[28]阿多諾，《否定的辯證法》，重慶出版社，1993
　　年，第 18 頁。

[29]阿多諾，《否定的辯證法》，重慶出版社，1993
　　年，第 52 頁。

[30]黑格爾，《小邏輯》，商務印書館1994 年版，第
　　45 頁。

[31] *ibid*, p.63．轉引自 Vincent Geoghegan, *Utopianism
　　and Marxism*（*Methuen & Co.L.td*, 1987）, p.106．

[32]Marcuse, *An Essay on Liberation*, p.30．轉引自
　　Vincent Geoghegan, *Utopianism and Marxism*（Methuen
　　& Co. Ltd, 1987）, p.107．

第一章
布洛赫的生平及其著作

　　1885 年，恩斯特・布洛赫（Ernst Bloch）生於德國萊茵河畔路德維希港城（Ludwig-shafen）的一個猶太家庭，其父為巴伐利亞鐵路局的職員。路德維希港城是一個新興的工業城市，空氣污濁，充斥著大量的無產階級，在這裡，布洛赫看到了資本主義最醜惡的一面。隔河相望的曼海姆市（Mannheim），歷史悠久、文化繁榮，這裡的古建築物、劇院、音樂廳和圖書館像磁石一樣吸引著他，在城堡圖書館，布洛赫發現了德國古典哲學的寶藏。一橋之隔，有天壤之別，不幸生長在橋這一端的布洛赫，並沒有受狹隘環境所局限，缺乏文化氣

氛的路德維希港城，反而使他對精神世界格外
嚮往和偏愛，他和小夥伴們一道，用兒童天馬
行空般的想像力，賦予路德維希港城以神秘
的、精神性的外貌。從小，內心世界異常豐富
的布洛赫就愛幻想，對於神秘的未來和廣闊的
未知世界充滿了冒險家般的激情，這些富於青
春氣息的激情與夢幻爲他一生的哲學思辨定下
了基調。

　　雖然他從小受到過一些宗教訓練，但沒有
任何證據表明他的家庭有文化氛圍，布洛赫的
少年早慧，幾乎能用「天才」兩個字來形容。
13 歲那年，他成了無神論者，並在一部名爲
《根據無神論看待世界萬物》（*Das Weltall im
Lichte des Atheismus*）的手稿中提出了他對於
生活意義的看法：不存在非物質性的本質，物
質是萬物之母，世界是一架機器。但是，這種
對幻象的拒斥很快就被對神秘之物的追尋取而
代之，像那個時代的許多德國青年一樣，布洛
赫厭惡工業文明帶來的虛無主義、市儈哲學和
唯物主義，受到當時流行的反理性主義傾向的

影響，他在早期的另一部手稿中呼喚「感性」
（sensuousness）的復興。1902 至 1903 年，他
的興趣主要放在哲學、音樂、心理學和物理學
上，並已經與李普斯（Theodor Lipps, 1851-
1914）、哈特曼（Eduard von Hartmann, 1842-
1906）、文德爾班（Wilhelm Windelband,
1848-1915）、馬赫（Ernst Mach, 1838-1916）
這樣一些學界泰斗有通信往來。

　　此外，他已然深深沉浸在黑格爾和卡爾·
梅（Karl May，德國探險小說作家）的著作
中，這兩個人物對他一生的思想發展產生關鍵
性的作用。17 歲那年，他又寫了一部手稿
《論力及其本質》（*Über die Kraft und ihr
Wesen*），後來，布洛赫在晚年的成熟著作中
還引用過手稿中的兩句話作爲開頭：「世界的
本質是充滿著喜悅的精神，是強烈地要求創
生、成形的衝動；『物自身』是客觀的想
像」，也就是說，這部手稿已經孕含著他後來
的一些主題思想。在如此年輕的時期，布洛赫
就已經開始探尋和表達新哲學之輪廓，其思想

之早熟和創造力之充沛，令人嘆爲觀止；這個
世界上，大多數學者不過是在概括、總結、傳
播和複製，他們所依賴的正是像布洛赫這類能
綻放出燦爛的精神之花的開創性人物。

　　1905年（20歲），布洛赫進入慕尼黑大
學，師從移情心理學的代表人物李普斯。透過
李普斯，布洛赫接觸到新浪漫主義的現象學和
建立在自我省察基礎上的心理學，還與現象學
大師胡塞爾（Husserl）和謝勒（Scheler）有過
聯繫。1907年，布洛赫去烏茲堡大學
（Würzburg）學習哲學、物理學和音樂，在那
裡，他跟著當時在實驗心理學和認識論領域最
有權威的學者屈爾佩（Oswald Kulpe）幹了六個
學期，深受其批判現實主義的影響。在烏茲
堡，經一個擁護猶太復國的朋友介紹，布洛赫
對卡巴拉（Cabbala）產生了興趣，後來他指
出，神秘主義中包含著濃厚的烏托邦精神。

　　22歲那年，布洛赫完成了一部具有決定
性意義的手稿──《論「尙未」範疇》（*Uber die
Kategorie Noch-Nicht*），獨具一格的新哲學誕

生了!新哲學的核心範疇是「尚未」,「尚未」
是主客觀世界發展變化的樞紐,就主觀意識
而言,「尚未意識」是一種向未來可能性開放
的期盼意識〔在中文裡,「未來」一詞本就意
味著「尚未」〕,它是烏托邦意識的心理基
礎。22歲那年,布洛赫的烏托邦理論找到了
出發點和堅實的基礎。

　　主要是為了追求一位女性以及放蕩不羈的
波西米亞生活方式,布洛赫於1908年轉學到
柏林,跟從著名的哲學家、社會學家齊美爾
(Georg Simmel, 1858-1918)學習。布洛赫對齊
美爾的形式主義以及缺乏系統性不太滿意,但
齊美爾對不可見的直接性(「生活的瞬間」)的
強調、關於靈魂的一般詮釋學的計畫以及有關
「或許」的學說,多多少少還是對他產生了影
響。布洛赫雖然對老師的批評哲學持批評態
度,但齊美爾廣博的興趣以及哲學要與真實生
活相結合的想法,倒是與他不謀而合。

　　在柏林,布洛赫與西方馬克思主義的先驅
之一 ——盧卡奇成為好朋友,他們三不五時

地在一塊熱烈討論，兩人都很左傾〔布洛赫
從少年時代起就讀過馬克思、恩格斯、培培爾
和羅莎‧盧森堡的著作〕，都對德國古典哲學
有濃厚興趣，都受到過新康德主義、生命哲學
等等的影響。在盧卡奇的《歷史與階級意識》
（1923年）的核心概念「無產階級意識」、「（朝
向未來的）總體性」中，可以看出布洛赫思想
對他的影響，但這兩個人顯然錯誤地估計了對
方，盧卡奇走的是理性主義的道路，後來做了
很講究實際的官方哲學家（儘管官方對他並不
很滿意），布洛赫卻從很早起就對非理性的幻
想和體驗更感興趣，後來在1930年代的表現
主義論爭中，他們的這一分歧充分暴露出來。
就哲學和藝術而言，盧卡奇顯然是一個沒有多
少才分和才情的人，他自始自終都沒有超過黑
格爾和馬克思，現代哲學對他幾乎就沒有產生
任何的影響（雖說他寫過長篇大論的文章對
之進行批判），他的著作枯燥、平板，沒有什
麼突出的、吸引人的觀點。

　　布洛赫則不同，他很有天才，思想敏銳，

富於現代性，雖然也繼承古典哲學的傳統，但
絕對不會重蹈覆轍，再走前輩的老路，他是一
個有自己獨創性思想的人，對於文化遺產，他
總是從自己獨特的哲學視角出發重新進行詮
釋，信手拈來，卻又絕非炒冷飯。布洛赫的書
像迷宮、像色彩斑斕的多稜鏡、像多聲部的大
合唱，充滿了神秘、充滿了魅力。阿多諾曾
說，哲學有兩種功能，一種是說理，另一種是
表現。很少有哲學家做到第二點，布洛赫卻做
到了，他的哲學和表現主義是同調的。

　　1911 年，布洛赫移居加爾米西（Garmi-
sch），沉浸在自己的哲學研究之中。爲了與
朋友盧卡奇討論問題，布洛赫往返於加爾米西
和海德堡之間。在海德堡，布洛赫加入了社會
學家馬克斯・韋伯（Max Weber）的小圈子，
韋伯的夫人評價這個年輕人說：「最近新來了
一位猶太哲學家──一個留著長長頭髮的男
孩，一副自命不凡的模樣，他顯然把自己看成
是宣講新彌賽亞福音的先知，並希望別人也把
他看成這樣」，韋伯也有類似看法，對他的神

秘思想敬而遠之。 1913 年，布洛赫與雕塑家
艾莎・凡・斯特裡茨基（Elsa von Stritzky）結
婚，她諾斯替式的（gnostic）基督教神秘主義
大大感染了他。

　　第一次世界大戰爆發後，布洛赫因爲身體
不合格免於服役，他對帝國主義之間的爭鬥和
德國人狂熱的民族情緒十分反感，遂於 1917
年離開德國，到瑞士參加反德活動。在瑞士，
他與小他七歲的班傑明（1892-1940）相遇，
兩位奇才惺惺相惜；那時，布洛赫已是一位沉
浸於馬克思著作中的社會主義者。在瑞士，布
洛赫還遇到了宗教無政府主義者雨果・波
（Huge Ball），波的著作提到閔采爾、魏特林等
人，後來布洛赫不僅專門寫過閔采爾，還用革
命和烏托邦的視角來重新詮釋宗教和神秘主
義。在這段「狂飆」時期，布洛赫身邊盡是
一些充滿末世論情懷的畫家、詩人和邊緣知識
分子，他積極參與他們的活動，並以表現主義
風格寫了一本書——《烏托邦精神》（*Geist der
Utopie*）。這本書寫於瑞士，1918年發表於慕

尼黑，布洛赫將它題獻給他深愛的妻子艾莎。
這一散文風格的書混合了彌賽亞主義、社會主
義和改造過的黑格爾主義，是布洛赫前期的代
表作。 1919 年，布洛赫返回柏林，後又到慕
尼黑。他寫作了一部關於哲學邏輯的手稿，可
惜後來在納粹期間遺失。 1921 年，他發表了
《革命神學家托馬斯・閔采爾》（*Thomas
Münzer als Theology der Revolution*）一書，一
半是從共產主義出發，一半是從千禧王國主義
出發，布洛赫對閔采爾的神學做了精彩的研
究。這部書可以說是 《烏托邦精神》 一書的
尾聲。

　　1921年，布洛赫的第一個妻子艾莎不幸病
逝，這造成了難以癒合的創傷。第二次婚姻
（1922年）只維持了一年，整個20年代布洛赫
都在四處漂泊， 1928 年左右布洛赫與來自波
蘭的一位年輕的建築系女生卡羅拉（Karola
Piotrkowska）邂逅並相戀，這一戀愛於1934年
開花結果。他們的婚姻生活很美滿，兩人相互
支持、相互幫助，卡羅拉在自傳《源自我的生

活》(*Aus meinem Leben*)中曾描述過他們的幸福生活。

在20年代的漫遊時期，布洛赫去過義大利、法國，還到過突尼斯，在那裡接觸到伊斯蘭教，獲得了許多有益的感性認識。德國他主要去的地方是柏林，在那裡與後來成爲法蘭克福學派頭面人物的阿多諾（Theodor Adorno, 1903-1969）相遇。阿多諾比布洛赫年輕18歲，讀完《烏托邦精神》後登門拜訪作者，由此結下友誼。阿多諾敬佩布洛赫，布洛赫則在維也納的先鋒雜誌上撰稿稱譽阿多諾的音樂觀。相較之下，布洛赫與班傑明的關係更親密。和布洛赫一樣，班傑明也對神秘主義傳統（尤其是「卡巴拉」）著迷，並試圖以馬克思主義的視角來重新思考宗教、烏托邦和末世論，而且在戲劇觀上受到布洛赫的影響；布洛赫則得益於班傑明對細節的敏感，他發現，這一點在盧卡奇身上是缺乏的。1924年他倆一起去度假，與盧卡奇討論文學上的一些問題，經過這次討論，布洛赫清晰地意識到，班傑明比盧

卡奇更能理解幻想對馬克思主義的意義。
1926年，他倆住在巴黎的同一家旅館，進行
著無休無止的熱烈討論，雖然兩人的氣質不
一樣，但這些爭論和談話對雙方都產生了巨
大影響。

　　班傑明將布洛赫視爲能與卡夫卡和布萊希
特比肩的、將德語散文推向完美境地的作家，
並爲《烏托邦精神》寫了評論，布洛赫則爲班
傑明的《單行街道》寫下了極富洞察力的書
評。自1919年相識，他們的友誼持續了20
年。和班傑明一樣，布洛赫也與布萊希特交
厚，早在1921年，布洛赫就與布萊希特相
識，他們的友誼一直保持到布萊希特的逝世。
在30年代的表現主義之爭中，布洛赫站在布
萊希特一邊，支持現代派藝術，批評盧卡奇
「把十九世紀資產階級上升時期的結束乾脆視
爲其藝術沒落的開始」。在柏林，布洛赫還與
「達達派」和其他的藝術圈子有密切往來。在
馬克思主義者中，爲現代主義和先鋒藝術做辯
護的人，要首推布洛赫。

　　20年代，布洛赫已有一定的名氣，定期
為柏林有名的報刊（如 *Die Weltbühne* 、
Vossische Zeitung 和 *Berliner Tageblatt*）寫稿。
他寫了大量的政治和文化評論，抨擊後期資本
主義的抽象生活，攻擊威瑪共和國，嚮往蘇聯
式的社會主義。他早期的評論文章收在1923
年出版的《穿越荒漠》（*Durch die Wüste*）一書
中。1923年他對《烏托邦精神》一書進行了
大幅度的修訂，更為系統地表述了自己的烏托
邦哲學。布洛赫此時已是一位羽翼豐滿的馬克
思主義者，在為盧卡奇的《歷史與階級意識》
寫的書評中，可以看出，他力圖把自己的烏托
邦哲學與馬克思主義系統地結合到一起。
1930年，他的散文集《蹤跡》（*Spuren*）出版
了，受德國作家黑貝《璣珠集》的影響，這本
書採用了一種新寓言體，它立足於對離奇的體
驗、短小的神話、傳說以及日常生活瑣事作出
詮釋。和阿多諾的《最低限度的道德》
（*Minima Moralia*）、班傑明的《單行街道》類
似，《蹤跡》試圖透過文學呼喚人們走出扭曲

了的世界。《蹤跡》的主題思想是，「世界的
秘密」有其「蹤跡」可尋，而世界的秘密在於
這個世界是「尚未」完成的，日常生活中的白
日夢與幻想包含著「尚未意識」，這些意識形
式透露了世界的秘密。

　　對於布洛赫等反法西斯主義作家來說，希
特勒的上臺是件不幸的事情，加之他有猶太血
統、信仰共產主義、支持現代派藝術，便只能
逃亡國外。 1933 年布洛赫離開德國到了蘇黎
世（Zürich），在那裡與卡羅拉結婚，於次年
（1935 年）發表《這個時代的遺產》（*Erbschaft
dieser Zeit*）。《這個時代的遺產》是社會和文
化分析方面不可多得的一部好書，在書中，布
洛赫懷著痛楚的嘲諷回顧了「金色的二十年
代」，初步分析了法西斯主義的本質，而且還
對詩歌、戲劇、美術（現代派藝術）、電影、
建築、哲學、音樂、大眾文化、物理學以及政
治學在當代取得的新進展作出了中肯的評價。

　　布洛赫一直沒有參加德國共產黨
（KPD），並曾暗示，黨所提出的無能的客觀

主義以及在提供理想目標方面的失敗，應對法西斯主義在德國的興起負部分的責任。30年代，他批評了某種缺乏熱情的共產主義（Cold Communism）將麵包和小提琴隔離開來的做法，他認爲幻想、藝術和烏托邦主義是馬克思主義不可缺少的「暖流」，這使他與正統的馬克思主義格格不入，導致後者將他視爲神秘的非理性主義者。但奇怪的是，在政治上布洛赫竟然爲史達林的蘇聯唱讚歌，而且把現代政治歸結爲「要希特勒還是要史達林？」這種二元選擇。很明顯，蘇聯並不是即將廢除國家和特權的社會主義社會，而是一個對老百姓施加暴政的新帝國，也許布洛赫和其他西方左翼知識分子一樣，被蘇聯的對外宣傳和自己一廂情願的幻想蒙上了眼睛？可是，在蘇聯進行大規模「清洗」和屠殺的時期，布洛赫仍支持史達林，將那些懷疑和動搖的人稱之爲叛徒。在《希望的原理》中，他仍然將蘇聯視爲一個理想的國度。有時候，一個知識分子是很容易在政治上被矇騙的。

　　好在布洛赫沒有去蘇聯，而是逃到了美
國，在美國至少不會被清洗掉，而且還可以自
由地思考。從1938年到1949年，他都待在美
國，在那個遠離戰爭的國度，他寫下了《希望
的原理》這部成熟時期的代表作的大部分。他
一直未能精通英語，對美國有一種反感，他認
爲美國文化同樣帶有法西斯主義的味道。在美
國的反共浪潮中，布洛赫不得不一次又一次到
移民局接受公民權審查，最後在美國憲法口試
合格後才正式成爲美國公民。在美國，布洛赫
雖然很關心德國的事情，爲反法西斯的刊物
《自由德國》撰稿，但他與圍繞在托馬斯・曼
周圍的德國流亡知識分子的關係並不太緊密。
遷移到美國的法蘭克福研究所沒有聘用他，
〔這要怪阿多諾沒有盡心盡力〕他沒有固定的
生計來源，只得靠妻子養活，他的妻子先是當
女侍，後來在一個建築師事務所謀得一份工
作。關於希望的著作以《自由與秩序，社會烏
托邦文摘》（ *Freiheit und Ordnung, Abriss der
Sozialutopien* ）爲題，先後在紐約（ 1946年 ）和

東柏林（1947年）出版。他的引起巨大爭議的
關於黑格爾的研究著作，於1949年在墨西哥
和布宜諾斯·艾利斯以西班牙文印行，書名叫
《黑格爾的思想》（ *Il pensamiento de Hegel* ）。

　　透過布萊希特，布洛赫與第三國際發起
的、籌建自由德國的國家委員會發生了聯繫，
這使他得以在恢復和平後到萊比錫大學任教。
從1918年開始，布洛赫就盼望建立一個朝向
「東方之光」（蘇聯）的新德國，第二次世界
大戰後成立的民主德國正好「符合」他的理
想。1949年回東德之後，布洛赫滿懷希望地
工作，在講堂上他試圖復興哲學化的馬克思主
義，並教出了一批優秀的學生，沃夫岡·哈裡
希（Wolfgang Harich）是其中之一。起初，由
於他譴責美式帝國主義是新形式的法西斯主
義，並相信東德將在維護世界和平和保存、發
揚德國文化方面發揮重大作用，他幾乎被視爲
擁護現政權的模範。雖然他的妻子已是一名黨
員，但他仍沒有入黨，而是試圖去觀察黨的原
則。1951年，布洛赫的黑格爾研究的德文本

以《主體─客體：評黑格爾》（*Subjekt-Objekt, Erläuterungen zu Hegel*）為題在東柏林發表。史達林主義者們把黑格爾貶低為「反動唯心主義」，不予理睬，布洛赫的這本書無異於向這種觀念提出了挑戰，因而遭至廣泛的批評。1952年，布洛赫發表了一部論阿維森那的專著──《阿維森那與左翼亞里斯多德主義者》（*Avicenna und Aristotelische Linke*），對馬克思主義的物質概念作出新解釋。同年，還發表了評論17世紀德國法理學家克裡斯琴·托馬修斯的專著──《克里斯琴·托馬修斯：一位無憂無慮的德國學者》（*Christian Thomasius: Eindeutscher, Gelehrter ohne Misere*），在這本書中，布洛赫從馬克思主義立場出發繼承了自然法的遺產。馬克思的著作缺乏對自然法的尊重，從理論上應該為其後繼者對個體人權的踐踏負責，一向熱衷於烏托邦與幻想的布洛赫能關注自然法，說明他具有理論敏感性和現實感。1954至1955年，長達1800頁的《希望的原理》（*Das Prinzip Hoffnung*）前兩卷在東柏

林出版了，布洛赫成爲東德公認的著名哲學家，他獲得了國家獎章，並成爲德國科學院院士。

　　但是，受莫斯科控制的東歐社會主義國家，不可能容忍真正意義上的思考，一切與官方哲學不同的論調都可能在一夜之間成爲遭受鎮壓的反動思想。不管一個知識分子的聲名有多顯赫，意識形態的高壓控制是終究迴避不了的，要麼堅持自由思想、成爲被口誅筆伐乃至肉體消滅的異端分子，要麼卑躬屈膝、迎合官方的格調。布洛赫是一個一輩子用自己的腦子想問題的人文知識分子，不可能與僵化的官方哲學長期和平共處。事實上，矛盾很快就暴露出來了。不少人指責他試圖把他主編的雜誌《德國哲學雜誌》變成與正統馬克思主義抗衡的陣地，他的一系列觀點遭到批判，有人給他扣上「唯心主義」和「神秘主義」的帽子。

　　自 1956 年史達林內幕被赫魯雪夫曝光之後，布洛赫終於認識到蘇聯的可怕狀況並不是西方製造的謠言。蘇共 20 大召開之後，布洛

赫對蘇聯是唯一的社會主義模式提出質疑，主
張各國摸索自己的社會主義道路，放棄教條主
義和凌駕於無產階級之上的專制，回歸民主集
中制。他公開宣稱東德社會主義應進行政治的
和哲學的改革，旋即遭到四面圍攻。1957
年，他的一批學生被捕，其中有支持狄托反史
達林專制的哈裡希。雖然布洛赫不贊同哈裡希
用「民主的人道主義」來改革東德的方案，但
他還是牽連到「反革命活動」中去了，不過僥
倖的是，他逃脫了逮捕。哈裡希以與西方共謀
的罪名被判十年監禁，布洛赫則被勒令退休，
停止授課。黨的領導人瓦特・烏布裡希
（Walter Ulbricht）將布洛赫定性爲：過於強調
主觀性，其烏托邦哲學忽視了具體的階級鬥
爭，唯心主義地追求「遙遠的目標」。1957
年，由官方授意出版了一本批判布洛赫的小冊
子──《恩斯特・布洛赫對馬克思主義的修
正》。作爲一名修正主義分子，布洛赫被剝奪
了參加學術生活的權利，處在一種隔絕的狀態
中，只能與朋友們私下往來。但是，他的著作

仍在出版，1959年，《希望的原理》第三卷
在東柏林出版，不過印數不多，他關於閔采爾
的書也再版了。1961年柏林牆開始修建時，
布洛赫正巧在西德訪問，此時他對東方社會主
義的希望徹底破滅，向西德政府請求政治庇
護。

　　他接受了圖賓根大學的邀請，擔任客座教
授，在那兒他依然熱烈擁護社會主義，當然他
擁護的是他理想中的社會主義，和其他的德國
教授不同，他將很多時間和精力都花在學生身
上。布洛赫以其資歷、學識和良心贏得了廣泛
的尊重，人們將他稱爲德國古典哲學在思辨
（Speculative）方面的最後一個代表。莫爾特曼
（Jürgen Moltmann）等德國神學家到他的希望
哲學中尋找理論靈感，這使他名揚國際；他對
基督教的獨到看法，促進了基督教和馬克思主
義之間的對話，甚至影響到拉美的解放神學運
動。60年代，他積極支持學生運動，認爲西
方反資本主義的力量來自中產階級子弟，在這
一點上他和馬庫色有相似之處。在美國，他和

馬庫色成了革命學生的精神領袖。一方面，他反對美式帝國主義，抨擊越南戰爭，呼喚重振列寧的富於創造性的社會主義和十月革命，另一方面，他猛烈抨擊蘇聯，擁護人道主義的社會主義，支持布拉格之春，支持以色列建國。他的人道主義社會主義主張吸引了捷克的哲學家和1968年，他與馬庫色一起參加了南斯拉夫的「科爾丘拉（Korcula）暑期學校」，1969年接受薩格勒布（Zagreb）大學授予的榮譽博士學位。

　　在圖賓根，布洛赫辛勤地整理自己汗牛充棟的著作與手稿。經修訂後再版的著作有《革命神學家托馬斯‧閔采爾》（1962）、《主體一客體》（1962）、《這個時代的遺產》（1962）、《阿維森那與左翼亞里斯多德主義者》（1963）、《穿越荒漠》（1964）、《烏托邦精神》（1923年版，1964年再版）。新版的著作有《自然權利和人類的尊嚴》（*Naturrecht und menschliche Würde*, 1961）、《哲學基本問題》（*Philosophisch Grundfragen*, 1961）、《圖賓

根哲學導論》（*Tübinger Einleitung in die Philosophie*, 1963-1964）、《文論》（*Literarische Aufsätze*, 1965）、《基督教中的無神論》（*Atheismus im Christentum*, 1968）、《關於客觀想像的哲學論文集》（*Philophische Aufsätze zur objektiven Phantasie*, 1969）、《革命前，布拉格時期，政治評論》（*Politische Messu-ngen, Pestzeit, Vormärz*, 1970）、《唯物主義問題》（*Das Materiali-smusproblem*, 1972）、《經驗世界》（*Experimentum Mundi*, 1975），從長達3000頁的《萊比錫哲學史講義》（*Leipziger Vorlesungen zur Geschichte der Philosophie*）（未發表）中摘選出來的《哲學史中的諸世界之間》（*Zwischenwelten in der Philosophiegeschichte*, 1977）。

　　布洛赫贏得了姍姍來遲的豐收與回報，他的著作被譯爲包括波斯文、阿拉伯文和日文在內的多國文字，1975年著名的索爾本（Sorbonne）大學授予他榮譽博士學位。晚年雙目失明的布洛赫仍堅持工作，直到1977年夏天溘

然長逝。在長達 92 年的風雲變幻中，布洛赫充滿激情地生活、鬥爭、思考和寫作，面對這個既醜惡、野蠻又充滿神秘和希望的世界，滿懷好奇心的他，像個孩子般興奮地拾揀古往今來的人類生活中湧現的斷片，彷彿總有講不完的故事和寫不完的東西，20世紀90年代，像他這樣博學多才、有宏大而連貫的思想體系的哲學家，恐怕是再也難以發現的了。

第二章
「烏托邦期盼」的個
體心理基礎和意識結構

我只是匆匆地周遊世界一趟；

劈頭抓牢了每種欲望，

不滿我意的，我拋擲一旁，

滑脫我手的，我聽其長往。

我不斷追求，不斷促其實現，

然後又重新希望，盡力在生活中掀起波

瀾：

開始是規模宏偉而氣勢磅礴，

可是如今則行動明智而謹慎思索。

我已經熟識這攘攘人寰，

要離塵棄俗絕無辦法；

是痴人才眨眼望著上天，幻想那雲霧中有

自己的同伴；

人要立定腳跟，向四周環顧！

這世界對有為者並非默默無語。

他何必向那永恆馳騖？

凡是認識到的東西就不妨把握。

就這樣把塵世光陰度過；

縱有魔鬼出現，也不改變道路。

在前進中他會遇到痛苦和幸福，

可是他呀！隨時隨刻都不滿足。

《浮士德》第五幕之「子夜」，浮士德的獨白，歌德：《浮士德》，董問樵譯，浙江文藝出版社，1994年，第532頁。

第一節 「欲」，「基本驅力」

生命不息，運動不止，只要人活著，他就在不停地欲求，一念方滅，一念又生，只要一息尚存，便無片刻安寧。小孩看見一隻機械鳥，他問：「是什麼東西讓這個鐵做的小鳥跳

個不停呢？」我們則問：是什麼東西「驅使」
（drive）著人不停地產生欲望？

　　心理學家回答：是心力。心理學家把驅動
生理做功的動力叫「體力」，把驅動心理「做
功」的動力叫心理能量或「心力」，生理與心
理是緊密相聯的，心力與體力所消耗的是同一
生物能。在佛洛伊德那兒，心力是「（性）力
比多」。從哲學上來看，心理學的這種規定，
太過於機械化，因為人並不是上了發條的機械
鳥，人對延綿的生命衝力有朦朧的意識，衝力
及對這種衝力的意識構成了心理活動的基礎，
或者不如說構成了人的最基本的生命現象。布
洛赫告訴我們，人並不是為了活著而活著，而
是本就活著，因此不能說是誰在驅使人活著，
活著，意味著不停地欲求（strive）。可以把這
種莫名的內驅力（driving，亦可翻譯為動力）
名之為「欲」（urge），「欲」與叔本華所說的
生命意志相似，與柏格森所謂「生命衝動」
（「延綿」）相似，與佛家講的「無明」相似。

　　布洛赫不去問生命衝力的「下面」是「什

麼」（What），不陷入因果追問，而是對最基
本的生命衝動進行哲學（類似現象學的）描
述：

> 我們最直接最當下的存在（imme-
> diate being），基本性是空（empty），它是
> 如此的貪婪，它欲求著（striving），無片
> 刻安寧。[1]

布洛赫不是一個生理或心理學家，他試圖
借用一些日常語言中的概念來完成對人的基本
生存狀態的哲學描述：

1.「欲」（urge）：人的最基本的存在
（existence）狀態，最直接最當下的存
在（being）。

2.「欲求」（striving）：即無具體對象的瀰
漫於各個方向的欲望，它一般不為人
察覺。

3.「渴求」（longing）：即察覺了的有意
識的欲求，它是一切人內部最真實的

（心理）狀態，渴求雖然也很模糊，
但它畢竟清晰地指向外部。可以說，
「渴求」是一種分化了的、定向了的內
驅力（「欲」），它不再瀰漫地指向任
何方向，而是定了向的「受目標引導
的內驅力」（goal-directed driving）。

由於內驅力有了特定的對象，它便可以按
對象來劃分。布洛赫將這種有固定方向的內驅
力（driving）名之爲「驅力」（drive）[2]。在布
洛赫那裡，「驅力」與「需要」（need）這兩個
詞意義相近，「需要」意味著用外部的某物來
填補某種缺乏與空虛，不過「需要」一詞在字
面上體現不出方向性與動感，而「驅力」一詞
則有驅使、動力、活力、趨向等含義。

有一種驅力驅使人攝取外物以補充消耗掉
的能量，布洛赫稱這種驅力爲饑餓驅力或自我
保存（self-preservation）的驅力[3]。佛洛伊德所
開創的精神分析學派，有把性衝動當成基本
驅力的（佛洛伊德），有把求權意志當成基本

驅力的（阿德勒），有把酒神迷狂當成基本驅力的（榮格）。布洛赫站在馬克思主義立場上，不無深刻地指出，這些整天和中產階級打交道的醫生竟忘記了一種更基本、更重要的需要：人饑餓了要吃東西，人要生存。

馬克思在《德意志意識形態》中說：「我們遇到的是一些沒有前提的德國人，我們首先應當確定一切人類生存的第一個前提也就是一切歷史的第一個前提，這個前提就是：人們爲了能夠『創造歷史』，必須能夠生活。但是爲了生活，首先就需要衣、食、住以及其他東西。因此第一個歷史活動就是生產滿足這些需要的資料，即生產物質生活本身。」[4]布洛赫所說的「饑餓」和更寬泛一些的「自我保存」的驅力（需要），在我看來，與馬克思所說的對衣食住行的基本需要基本上是一回事。只不過，在馬克思那裡，是從個體的基本需要進到生產勞動乃至歷史的基礎和動力，在布洛赫這裡，作爲基本驅力（需要）的「饑餓」與「自我保存」則與（肉身）個體的心理動力相聯

繫。

　　我認爲，雖然布洛赫與馬克思的取向不一樣（一個是心理學，一個是歷史哲學），但布洛赫有意識地在這一點上將他的烏托邦個體心理學與歷史唯物主義銜接起來，這使布洛赫與佛洛伊德主義者有很大的不同，在布洛赫這裡，基本驅力不是性也不是求權意志，而是「饑餓」驅力、「自我保存」的驅力。從歷史唯物主義出發，布洛赫肯定了經濟利益的首要性，由此提出一種新的對基本驅力的規定：「在眾多基本驅力中，於經濟利益中表現自身的『自我保存』的驅力是最爲響亮的……饑餓，則是自我保存的最顯要的表達方式」[5]。

　　布洛赫進一步指出，任何一種驅力都不是固定的、一成不變的，而是隨歷史而發生變化的（換言之，在各個時代，人們欲求的對象是不同的），自我保存的需要也不例外。人是歷史的，「不存在一個『最源始』（original）的驅力，不存在『源始的人』或『老亞當』」，

人性是常遷的[6]。饑餓雖是一種生理現象，是動物也有的機能，但它同時也是一種具有社會歷史內容的心理現象，是隨時代而變化的。只求果腹的「饑餓」有可能發展成革命的行動，人不再僅僅於舊的框架和範圍中尋找食物，而是對環境說不，試圖改變那導致饑餓的社會環境，在此，「受到啓蒙的饑餓改變了自身的形式，一變而成反抗剝削禁錮的爆破性力量」；在此，自我（ego）不僅保存自己，而且還尋求擴張[7]。

　　由於自我保存的驅力與革命密切相關，因而也就與烏托邦精神有關係：在徹底廢除剝削和壓迫的革命取得成功之前的漫長歲月中，自我保存的驅力不能得到滿足，便只能以幻想的形式來表達對更美好的世界的渴望。在忍饑耐渴之中，人們產生了對美好未來的希望，從而形成「向前」的白日夢：「它們往往來自對一種缺乏的感受，並試圖結束缺乏的狀態，它們盡是一些關於一個更好世界的夢。」[8]

　　驅力是「欲望」（desire）和「願望」（wish）

的基礎，白日夢是想像力參與其中的願望，願望與白日夢是烏托邦期盼的個體心理基礎。將「饑餓」與「自我保存」的驅力視為基本驅力，這是他超出佛洛伊德主義者的地方，但是，引發願望及白日夢的驅力是多種多樣的，「自我保存」只是其中的一種（例如關於長生不死的白日夢，關於「流奶與蜜之地」的白日夢），而諸如性愛白日夢，少女關於貌美的白日夢，野心家統治世界的白日夢，都不是受這種驅力影響的。我認為，關於這一點，布洛赫表達得還不夠清晰。

第二節 存有論區分，願望，未來，可能性

在「意向活動」（胡塞爾）中，有一種把意向對象當成實在的客體（即「現成化」）的傾向，海德格（Heidegger）認為，這種把存有理解為存有者的傾向，造成了西方形而上學二

千年來對「存有」的遺忘。因此，在《存有與
時間》中，海德格提出要把存有與存有者，存
有論與存有者論（即傳統的本體論）區分開
來，此即「存有論區分」。簡而言之，對存有
的理解，有兩種方式，一種是「現成化」的把
握方式，另一種是境域式的理解，後一種理解
方式（「領會」）在「實際生活」中有更深的基
礎（它紮根於此有生存的時間性結構），它是
非主客二分的、境域式的、維持在懸而未決之
中的理解。

　　布洛赫在《希望的原理》中提到了存有論
區分，而且也進行了類似的分類，但是布洛赫
在海德格的純「形式」的分析中加入了「內
容」，這表現在：海德格主要把存有論區分與
對存有的理解聯繫在一起，而布洛赫則把存有
論區分與驅力（即人的欲望、願望）聯繫到一
起，從而更接近於人的生活[9]。我認為，布洛
赫對人的驅力進行了類似於「存有論區分」的
區分，但又與之有很大區別，除了上述一點
外，還和二人對時間的不同理解有關。

（一）欲望與願望的區分

隨著內驅力的定向，指向虛構對象的活動也就出現了，這時，心力便部分地轉移到這部分更高級的活動中去。在給出了驅力的定義後，布洛赫做了一個對希望哲學至關重要的區分，即把「要」（want）與「願望」（wish）區分開來[10]。

A.「要」——例如，「我要吃」，「我要尿尿」，「我要這個玩具」，「我要出去玩」，「我要很多很多的錢」。

B.「願望」 ——例如，「我希望明天不下雨」，「我希望今晚放個好片子」。

A、B兩種情況有什麼區別呢？當身體產生某種直接需要時就會「要」，「要」是一種急需，是人從嬰兒開始就有的一種本能衝動，它指向現成的對象並試圖占有這個對象，我們可將它稱之為「欲望」。「願望」則指向非現成的對象，我們也可以稱它為「心願」。在日

常語言中，「欲望」和「心願」兩個詞的用法是不同的，這種不同提示我們對A、B作出區分。對於「要吃」來說，採取某些行動獲取食物就行了，可是對於「希望明天不下雨」來說，根本不涉及我的行動，我只能等待，也就是說這種願望與我的行動沒有直接關係。這裡，就目標（渴求的對象）實現的可能性與可控性來說，凡目標存在於手邊的世界之中（只要經過努力就可能達到），屬於A類，凡目標是不由自己控制的事與物，則屬於B類；就主觀狀態而言，可以說 A 是求當下的、直接的滿足， B 是求延緩的、迂迴的滿足。

「我要很多很多的錢」，對於一個具備了條件的人來說，是「要」，但對於一個條件不成熟的人來說，則是「願望」，這個例子說明，關鍵的問題不在於客觀對象的屬性，而在於主體的狀態。如何才能更貼切、更形式化地來描述這兩種不同的主觀狀態呢？答案在後面，在那裡，布洛赫區分了兩類情緒，可以由此來區分 A 與 B 。

(二)情緒的區分

德國哲學家馬克斯・謝勒（Max Scheler, 1874-1928），就價值現象進行了饒有趣味的現象學分析。布洛赫對情緒做了某種類似於「存有論區分」的區分，並對謝勒提出了批評。

謝勒在價值現象學中把情緒分為拒斥性和親和性兩類，或者更為簡單地區分為恨與愛（謝勒說無產階級革命是「怨恨」而不是「愛」）。這種劃分法與意志的兩極有關，否定與肯定，不滿與滿意。拒斥性情緒包括：恐懼（fear）、嫉妒（envy）、憤怒（anger）、輕蔑（contempt）、怨恨（hate）；親和性情緒包括：滿足（contentment）、寬宏大量（generosity）、信任（trust）、敬慕（admiration）、愛（love）。這種劃分，大部分都是老式的「快樂——不快樂」模式的翻版，布洛赫認為，這種「拒斥——不快樂」、「親和——快樂」的劃分模式並不理想。因為有的情緒包含著兩種對立的情

感內容（feeling-content），如復仇，既惡狠狠
地恨又感覺快意，而有的情緒，如貪婪，儘管
可以歸入親和性這一類，但它與快樂沒有半點
關係，還有混合性的情緒，如又妒又慕。布洛
赫認爲，把愛與恨視爲兩種基本類型，實質上
是把愛與恨的（兩）極性關係轉化爲價值關
係，拒斥性情緒（恨）被歸入價值較低的一
類，親和性情緒則被歸入價值較高的一類。把
一類打入地獄，把另一類劃入天堂，帶有道德
色彩和任意性、外在性，布洛赫認爲，應根據
「驅力─情緒」體驗本身具有的性質來劃分。

　　驅力是求滿足的，於是情緒（emotion）便
相應分爲兩類：現成狀態中的（filled）和處於
期待之中的（expectant）。現成狀態中的情緒
如嫉妒、貪婪、敬慕，其驅力的意向活動
（drive-intention）是短程的，也就是說，意向的
對象現成存在（作爲 「在世存有者」 而存
在），即便不在特定個體觸手可及之處，也必
在存有者世界的可能範圍內[11]。期待性的情
緒如焦慮（anxiety，也譯爲「畏」）、恐懼

（fear，也譯爲「怕」）、希望（hope）和信仰
（belief），其驅力的意向活動是遠程的，意向
對象並不現成存在。遠程的意向活動使人的精
神性得以成就、得以昭顯；例如日常生活裡人
們常說，誰誰眼光遠大，誰誰鼠目寸光，足見
眼光的遠近是有很大區別的。布洛赫說，這兩
類情緒都與「未來」有關，但現成狀態的情
緒（如吃一道美味佳餚時的情緒），它擁有的
是不真的未來 （unreal future），即一個在客
觀上不存在可能性的未來，是沒什麼新鮮事兒
發生的未來，與之相反，期待性情緒則擁有一
個充滿可能性與莫測性的真未來，也即總有某
種尚未形成的東西（Not-Yet-Become）出現在
視野的邊緣上。即便是庸人的恐懼與小人物的
希望，也是對現成的既定的世界秩序的躍出，
並與某種更全面的實現（realization）和滿足
（fulfillment）相連。

如果不帶價值評判地來使用否定性與肯定
性這兩對範疇，也可以把期待性情緒劃分爲兩
類，一類是恐懼、焦慮，一類是希望、信仰。

布洛赫認為，否定性的情緒導致自我的消失，並衝向虛無，而「希望，作為焦慮與恐懼的對立面， 是一切情緒中最富人性、最適宜於人的，它指向最遙遠最明亮的地平線」[12]，也就是說，「希望」這種情緒總是與烏托邦期盼聯繫在一起。

我認為，布洛赫對情緒的分類原則（「現成的」與「尚未的」）也可貫徹到對驅力（欲望、願望） 的分類中。這是因為，人在欲望或願望的同時就帶有某種情緒體驗，正如理解、言說和情境是同一個事物的不同側面一樣（海德格），驅力和情緒也是同一事物的兩個側面，與 「理解—（解釋）言說—情境」 的三重結構相仿，我們也可以有 「驅力—情緒—想像」 [13]的三重結構，因此驅力與情緒二者可共用一個分類原則[14]。但我們應注意，這個分類原則不等於海德格所運用的存有論區分，這是因為：

1.海德格對此有的生存論描述，始終針

對對「存在」的理解問題。布洛赫所
關注的，則是人的幸福和人的期望，與
理解問題無關。存有論區分實質上探討
的是科學態度與混沌的「前理解」之間
的關係，也即知識的起源這個問題，布
洛赫對驅力的區分，則是想說明烏托邦
期盼的個體心理起源。

2.海德格針對的是非常形式化的「意向
活動」，布洛赫針對的是有內容有方向
的「意願」。

3.二人對現成狀態的理解不完全相同。布
洛赫所謂「現成狀態」有（欲望）當下
滿足 [15]之意，在海德格那裡則無此意。

4.關鍵的一點在於，二者對現在（「空」）
的理解不同。

（三）現在，可能性，未來

一般人理解的時間，是一條均勻流動的河
流（過去已消失，現在正在消逝，將來還未來

臨），是由無數的點連成的線，傳統物理學所
建立的時間座標即根源於這一對時間的空間化
理解。但海德格認爲，這種對時間的解釋並不
是最靠近源頭的。此在如何領悟到源始時間
呢？海德格認爲可以在「此有」向死而在的本
真生存樣態中清理出作爲此有生存論結構的
「時間性」[16]。

　　簡而言之，時間性就是此有 「展開」、
「綻出」的視域，此有對存有的意義的領會之
所以可能，正是由於此有先已展開。此有的生
存論結構即煩的結構是：「先行於自身的一已
經在（世界中的）一作爲寓於（世內所照面的
存有者）的存有」[17]，時間性就是那個一向已
有的「先行於自身」。在我看來，這也就是如
布洛赫所描繪的：「我們最直接最當下的存在
（immediate being），其本性是空（empty），
它是如此的貪婪，它欲求著（striving），無片
刻安寧。」[18]

　　人總是生活在未來和過去的暈圈之中，從
沒有人可以生活在純粹的現在；所謂現在

（now），即在場（present），也就是對當下凸現之物的注視。任何一個被注視到的東西（凸現之物），其周圍都有一個模糊的暈圈，類似於眼角餘光之所見，餘光所及之物雖然還沒有被正式注意到、還沒有凸現出來，但它有被我們看見的可能性，它是凸現之物的背景。背景永遠都是有的，我們甚至無法在頭腦中想像一個沒有任何背景的幾何點。法國存在主義者沙特（Jean-Paul Sartre, 1905-1980）曾舉一例說，「我」去咖啡館找皮埃爾，一張又一張的臉閃現在眼前，但由於不是皮埃爾先生的臉，它們又一個接一個地消逝，退入嘈雜的咖啡館這個大背景中。

我們總是在某個背景中尋找某人，總是在背景中聚焦。背景（邊緣域）可以是空間上的，也可以是時間上的（時間性視域最為基本），例如，圍著桌子轉圈，從各個角度打量桌子，前一刻的印象不會消失得無影無蹤，它總是滯留到後一刻，成為後一刻的背景，我對下一刻所見抱有一定的期盼，又帶著前面各瞬

間形成的背景，在現在這一時刻看見桌子的某一側面。這個例子說明，並沒有純粹的現在，現在總是帶著將來和過去，準確地說，現在總是處在將來和曾在不斷交融所形成的視域（或曰邊緣域、背景、暈圈）之中，「現在」稍縱即逝，立刻退入背景之中，成爲下一刻所見之物出場的舞臺。當下所見之物是「實」，但此凸現之物在下一刻就要消融到幽暗的背景中去，因此它的中心是「空」。我們當下的存有（Being），其意義並不能由凸現之物（Bein-gs，存在者）的在場來說明：我們的存有不停地在著，不等同於任何現成的存有者。人的生存狀態就是這樣。在這個意義上，可以說，我們最直接最當下的存在，其本性是「空」。這是現象學或海德格意義上的「空」。海德格《存有與時間》一書實際上是對此有（Da-Sein）之「空」性的詳細說明，在該書中，「時間性」一詞相當於這裡所說的「空」。時間性乃是使此有的展開（「真理」）成爲可能、並統攝展開的各個生存論環節的基本視域。

　　海德格所謂本真（eigentlich，有「本己的」、「真正的」兩層含義）狀態即「只要此有作為展開的此有開展著、揭示著，那麼它本質上就是『真的』」[19]也就是說，以上所說的「空」即海德格所說的本真狀態，有了這個源始的本真狀態，人才可能去揭示和理解世界。此真，此空，在海德格那裡也可叫做「無所關聯的可能性」（「此有」在根上即「能在」）。

　　為了說明什麼是「無所關聯的可能性」，海德格談到了死亡。海德格在「本己」的意義上使用「本真」一詞，畏死使人迅速「個別化」，使人達到最本己的狀態，「死亡作為此有的終結乃是此在最本己的、無所關聯的、確知的、而作為其本身則不確定的、超不過的可能性」[20]，而所謂「最本己的無所關聯的可能性」，也即此有的「能在」，「在能在中，一切都為的是此有的最本己的存在，而此有唯有從它本身去承受這種能在，別無它途。」[21]在畏死所營造的氛圍中，「最本己的無所關聯的可能性」[22]清楚地顯現出來　，這

種可能性，是只要此有在世就預先就有的，即使此有「沉淪」（也即從能在「消散」到世內存在者和其他此有上去了）了，這種「非本真」的生存狀態也是本真狀態爲基礎的。此有的本真狀態，是「最本己的無所關聯的可能性」，也即本真的時間性，也就是此有展開自身去打量周圍世界時無法擺脫的視域。

　　布洛赫也深刻地意識到這一點，也善於用現象學的眼光來打量「現在」和「當下存在」，布洛赫不否認有時間性這種源始視域，人的「此」（Da）與「現在」（Now）就是一種空的、無的，但又展開著的、萌生著的狀態，現在（Now）處於過去、未來相交融的視域中。但他所說的「空」畢竟和海德格所說的「時間性」又有不同。布洛赫更關注「空」躁動不安的特性：「它是如此的貪婪，它欲求著，無片刻安寧。」一切的欲望、願望、夢想和行動都孕育於當下存在之中，當下存在總是想超出當下，去抓取尚未到來的、新的存在者 [23]。當下存在的這種躁動不安，乃是精神活動的動力，是

烏托邦精神之肇始，此一肇始，乃是一常新的開端。

在海德格那裡，此有的「先行」展開，顯示了此有的一種絕對的可能性，也即：此有不同於世界上其他一切存有者，此有的當下是空無根基的，這種無根性蘊含著此有「什麼也不是」、「怎麼樣都行」的可能性。可以說，這是一種消極的可能性，純內在的可能性。布洛赫認為這種無所關聯的純可能性是嬰孩的狀態，是混沌未開的「欲」（urge）所具有的狀態，是畜類的意思，海德格卻以之為本源和真理，布洛赫對此大不以為然，他甚至因此把海德格比作沒有欲望的閹人。

布洛赫所說的「可能性」一般是指客觀的、真實的可能性，也即客觀的趨勢。客觀可能性是事物向前發展的可能性，在布洛赫看來，整個宇宙是運動發展著的，就像一個發酵的麵團，醞釀著新事新物。這一富於生命力的宇宙在布洛赫眼裡，也具有和人相似的時間性視域。簡單地說，對布洛赫來說，「此有」之

「空」性不僅為人所獨有，宇宙間的萬事萬物也都具有。

　　性空的人面對著一個同樣性空的世界，人與世界都有待於成就，在此，人的視域和物的視域交融在一起，主觀時間和客觀時間交融在一起，例如，一個人等待果實的成熟，在他等待和果實成熟的過程中，主客觀時間是交融在一起的。果實是花樹有待於成就的東西，但由於種種偶然因素的作用，果實也有可能中途夭折變為徹底的「虛無」（nothing），因此你不得不提心吊膽地等待，又設若這是一種你從未見過的水果，那麼它完整地出現於樹梢的那一刻對於你的等待來說，便具有某種神秘性。在這裡，不僅有果實成熟的客觀可能性也即客觀時間，而且還有處於期待之中的主客觀交融的時間。

　　對海德格來說，懸而未決是「此」在向已有之的本性，或者說是此有無法脫離的視域之特性，懸而未決實際上是一種「已經」而不是「尚未」，懸而未決始終是此有的一種固有狀

態。論到「尚未」，海德格與布洛赫是針鋒相
對的，海德格說：「並非只有當此有的尚未
已填滿了，此在才齊全地存在；完全不是這
樣──到那時它恰恰不再存在了。」[24]布洛
赫恰恰認為，在從「無」向「尚未」最後達到
「齊全」（或中途夭折，淪為「全無」）的過程
中，「無」、「此」、「現在」只是一個出發
點，是一種有待完善的「欠缺」，因此布洛赫
批評海德格固守於「此」從而陷入虛無主義。

　　如果說布洛赫與海德格有什麼相同點的
話，那就是：他們都把懸而未決的「此」（即
空、無）視為起源性的、能生的、常青的開
端。布洛赫反對把事物的發展看成一個完全決
定了的過程，也反對像狹隘經驗主義那樣把理
想與終極目的視為現成的存在者，也即反對
「實體化」（reify）和「偶像崇拜」[25]。就人的
期盼而言，假如一切都是決定好的且為人所熟
知的，便無所謂期盼了[26]。布洛赫強調說，期
盼意識總是於視域的邊緣上與「新」打交道，
且總是一種冒險，這種勇於探索的精神是人類

非常寶貴的財富。總而言之，「懸而未決」在布洛赫那裡的作用不亞於它在海德格那裡的作用。不同的是，海德格的「懸而未決」是此在的內在可能性，而布洛赫的「懸而未決」則是向客觀可能性開放的。

（四）「欲」的進化

　　布洛赫說，「願望」往往指向某個想像出來的觀念（imagined idea），在該觀念中，欲望把自身圖式化了。在此基礎之上，一些鼓舞人心的希望圖景湧現出來，布洛赫稱之爲「充滿希望的意象」（wishful image，布洛赫也稱之爲「前導意象」：guiding image）。「充滿希望的意象」懸在人的前方，許諾給他一個美好的未來，在未來，事情會變得更加使人滿意，甚至會使人得到全面的、完滿的滿足（fullfillment）。個體心理有一個發展和進化過程，我們可以說，人的欲望（desire，包括布洛赫所說的「欲求」與「渴求」）發展爲願望，而願望又發展成白日夢，進而發展爲烏托邦期

望，隨著與客觀可能性真正地聯繫起來，烏托
邦期盼便由「抽象」、「虛假」走向「具體」、
「真實」。

在《希望的原理》一開頭（「小白日夢」部
分），布洛赫以充滿詩意的筆調描述了從嬰孩
一直到老年的「欲」的發展過程。人生之初，
起先是一團混沌的「欲」，嬰兒吮和抓一切抓
得著的東西，待到稍大了一點，他才能區分自
己與外界，區分外部世界中的對象並明確地以
身體姿態表達自己的渴求，再大一些，有了
「自我」和自我意識之後，「願望」才隨之而
出現，願望這種心理現象將伴隨他直至墓地。
有了願望，構築空中樓閣的行為也出現了，這
就是白日夢。有私人的、庸俗的白日夢，也有
代表人類理想、與改造世界相聯的白日夢，後
者可稱之為「烏托邦期盼」。

對於布洛赫來說，個人的心理發展有向上
（向前）和向下（向後）兩種方向，布洛赫肯
定的是前者。對海德格而言，此有的時間性生
存是無所謂方向的，即便是領悟了死亡的人也

不過是回過頭來承擔此有「已」在世這個預
先命定（此即本真生活的含義），他並不走到
什麼新的地方去，而是依舊像爛泥似的 "Da"
在這兒。布洛赫所描繪的「欲」，很像是海德
格描述的「時間性」，但這無片刻安寧的、本
性是空的當下狀態，是人的出發點而不是歸
宿：布洛赫曾說，本質（真理）不在出發點
上，而是在終點上。人只有離開黑暗的虛空
（欲），才能走向充滿光明的烏托邦精神，才
能由「純粹的畜類」走向人。

　　如前所述，布洛赫認爲宇宙人生中普遍存
在著由潛在向實現的發展過程，開端是
「無」，中間是「尙未」，結果是「全有」（All）
或「全無」（Nothing）。

　　布洛赫繼承了亞里斯多德關於「潛能」
（potentiality）以及「隱得來希」（entelechy）的
思想。「隱得來希」在希臘語裡的意思是：齊
備、完滿（being complete）。在亞里斯多德
那裡，這個詞有兩重含義：（1）完全的實現，
在這裡沒有進一步要實現的潛能，事物的本質

已經得以充實（fulfill）；（2）使事物的內在目
的實現的力量[27]。布洛赫認爲，宇宙人生中
存在著潛能逐步實現的過程，而且在非常遙
遠的未來存在著「至善」（the highest good）。
布洛赫區別於亞里斯多德的地方在於：他認
爲「此」是常新的開端，「此」氤氳躁動 [28]，
暗中趨向尚未實現的至善，但也有可能中途
墮入虛無，並認爲至善是不可以實體化的至
高理想。布洛赫在與人的目的性行爲有明顯
區別的宇宙進化中引入「隱得來希」或「至
善」，這使他堪稱德國古典唯心主義最後一
位傳人。

從學理上來說，布洛赫對「無」、對「尚
未」的描述，暫時不宜推廣至全宇宙，而只能
作爲對期盼意識的形式描述，應用於人類的精
神領域。個體心理的發展——或準確地說——
「欲」的發展，是佛洛伊德先已研究過的。佛
洛伊德認爲，性欲有一個發展過程，一開始，
性敏感區遍布於周身，後來才固定在性器官
上，有些精神病患者表現出性倒退，這種倒退

是不健康的。與此類似，布洛赫所讚美的，是對更好未來的烏托邦期盼，也就是說，心力轉移到這一部分心理活動中去，是「健康的」。由此我們可以說，從「欲」到「欲求」、「渴求」，直至願望、白日夢、烏托邦期盼和具體的烏托邦期盼，是一個上升過程，就個體心理而言，這是一個「欲」的或內驅力（心力）的進化過程。

從意識結構上來說，源始的「欲」，也即「此」、「無」，是黑暗的。向著這黑暗倒退，對布洛赫來說，是一種退步，而由「此」出發走向完滿的實現（至善、大全），則是一種進步。布洛赫向我們精彩地描繪了精神從黑暗中躍出的瞬間：

> 只有當現在（Now）逝去或者是被人期盼時，它才不僅是生活（live）過了，而且是被體驗（experience）過了。作為直接的當下的存在，它處於黑暗的瞬間中。只有當來臨的東西或逝去的東西有了距

離之後，成長著的意識的光亮，才能藉此距離照亮（illuminate）這黑暗的瞬息。此（Da）和現在，即我們直接身處的一瞬，陷於自己的洞穴中無力感受（feel）到它自己。因此，那已生活過的特定內容，也就無從被我們領會和察知（perceive）。[29]

　　也就是說，只有從黑暗的當下中躍出，人才能成為有自我意識的人。不幸的是，心力倒灌、驅力向原「欲」倒退也是可能的，個體的精神病和社會性的集體癲狂，從心理學角度來看，是心力倒灌的結果。正是從這個意義上來說，布洛赫否定了榮格的集體無意識說，並將他視為一個法西斯分子：「在佛洛伊德那裡，醫生幫助病人回憶無意識內容，僅僅是為了幫助他擺脫它的糾纏。而在榮格那裡，回憶無意識內容，只是為了一頭栽進無意識，向幽暗、古老的深淵下潛。於是力比多成為古老的東西；血與土地〔指法西斯的血統論和生存空間說〕、尼安德塔人〔更新世紀晚期，舊石器時

代中期的『古人』〕和『第三紀』一起跳出來，
出現在我們的面前。」[30]

　　榮格（C. G. Jung, 1875–1961）認為，人
的潛意識深處遺留著對原始時代的記憶，探究
潛意識即意味著喚醒這些原始記憶。在布洛赫
看來，這是向野蠻與混沌的倒退[31]。布洛赫
所述的內驅力「欲」和佛洛伊德所說的「力
比多」大體上指同一個東西，即生命衝動和動
力，但他們對這衝力的解釋和評價是不同的，
在佛洛伊德那裡，力比多雖然有一個進化與分
化過程，但最終原始的力比多是最受肯定的，
在布洛赫這裡，「欲」是空，是黑暗，「欲」
只有發展到高級的精神活動，才能從「此刻」
的黑暗中掙脫出來。

第三節　白日夢

　　馬克思在談到「專屬人的勞動形式」與動
物活動的「純粹本能形式」的差別時，指出：

「最蹩腳的建築師從一開始就比最靈巧的蜜蜂高明的地方，是他在蜂箱裡建築蜂房以前，已經在自己的頭腦中把它建成了。勞動過程結束時得到的結果，在勞動者的想像中已經觀念地存在著。他不僅使自然物質發生形式變化，同時他還在自然物質中實現自己的目的，這個目的是他所知道的，是作為規律決定著他的活動方式的，他必須使他的意志服從這個目的。」[32] 也就是說，人在完成某項工作之前，就已經在頭腦中做了計畫，並對之進行想像；勞動是人的目的在自然中實現的過程。

人的目的，從心理方面來講即人的願望、人的意向。人在願望的同時就在想像，在個體心理的層面上，我們可以說願望的三重結構是：「驅力─情緒─想像」。驅力是動力，是指向，情緒是感受，是體驗，想像是願望的圖式化[33]。

布洛赫說，「很少有願望（wish）不是沉甸甸地帶著夢的，尤其是當它們開始變得更明確一些的時候。」[34] 人在夜晚做夢，不由自

主，處在幻像的重重迷霧之中，夜夢是某些隱密願望的鬆散表達。人在白天做夢，卻是清醒的，是未實現的願望進行的自由想像。「希望明天不下雨」是最簡短的「白日夢」，我們甚至不稱它爲白日夢，因爲它缺乏想像的要素，只是願望的直接表達，白日夢是願望的曲折表達，它用想像力在空中築起樓閣，並暫時用這空中樓閣來滿足自己的願望。

馬克思所說的建築師的「（服從於明確目的的）想像」，實際上類似於模型或圖紙，是對象化過程或曰實踐過程的一部分，是爲實現某個目的而制定的計畫，這個計畫是直接用來指導行動的；白日夢中自由散漫的想像，則還沒有與實際行動直接聯繫起來。假如這個工匠在休息的時候，想像自己一定能製作出式樣很好看的衣櫥，並因此一舉成名，當他這麼想像的時候，他的心中並沒有關於「好看的衣櫥」的明確形像，更別提什麼圖紙了，他所關心的僅僅是，這衣櫥很好看（抽象的模糊的「好看」）、很受歡迎、自己因此而成名。這時他

的想像是一種幻想，他所做的是想入非非的白
日夢。假設第二天他又接著做這個白日夢，也
許他會想像得稍微具體一些，他會設想一下
這個衣櫥的「細節」，在頭腦中打幾個草稿。
假如他一直放不下這個願望的話，很可能某日
靈感忽至，遂於頭腦中構築出一個真實的衣櫥
的模型，當此之時，他就和馬克思所說的那個
建築師是一樣的了。也就是說，在具有明確目
的、制定出具體的行動計畫以前，常常有一個
幻想和空想的階段。

如果說，馬克思更關心可以直接而有效
地指導人們行動的計畫、更注重「實踐」（落
實）[35]的話，那麼，我們可以說，布洛赫則
更注意對「懸而未決的」幻想與空想的研究。
對白日夢的研究，是布洛赫思想中最有特色的
部分之一。

在布洛赫之前，西方思想家就曾注意到白
日夢這種現象，但都沒有做過專題研究，直到
佛洛伊德，白日夢才成為一個理論課題。不
過，佛洛伊德對白日夢的研究遠不及對夜夢的

研究那麼詳細，白日夢研究僅僅是夜夢研究的
輔助和附屬部分。直到布洛赫那裡，白日夢才
被置入理論框架的核心。布洛赫的白日夢理
論，是從繼承、批判佛洛伊德開始的，因此我
們有必要首先來看看佛洛伊德對白日夢的論
述。

（一）佛洛伊德詮釋白日夢

在佛洛伊德看來，釋夜夢的任務在於找到
顯夢背後的隱念。但這是很困難的，因為：第
一，經過了某種檢查作用的成年人的顯夢是化
過裝的（較少受到壓抑的小孩的夢，則往往
是某種願望的直接表達，其顯像與隱念之間的
關係十分明顯）。第二，夜夢往往是為了滿足
潛意識中較為原始的欲望而發生的。第三，夜
夢的夢像往往採取一些十分原始幼稚的構成方
式，如象徵，自由聯想等等，缺乏邏輯聯繫，
顯得支離破碎、難以理解。

夜夢的這些特徵使它與白日夢有很大區
別。佛洛伊德將這種差別表達為是否具有

「幻覺經驗」：「我們認為這些畫夢〔即白日
夢〕確實是滿足願望，滿足野心或情欲，然而
採取的方式為思想或想像，雖然很生動，但絕
不同於幻覺的經驗。」[36]所謂幻覺的經驗，就
是把眼前的圖景當成真實的，受幻像的牽引。

　　佛洛伊德認為，白日夢與夜夢的一個共同
特徵是：「滿足願望」。白日夢在佛洛伊德那
裡又可稱作「幻想」，幻想與幻覺是不同的，
幻想著的人能夠清楚地把幻想與現實區分開
來[37]，幻想一般都具有邏輯的連貫性，幻想
的特點是：

> 1.「幻想只發生在願望得不到滿足的人的
> 　　身上，幻想的動力是未被滿足的願望，
> 　　每一個幻想都是一個願望的滿足，都是
> 　　一次令人不能滿足的現實的校正。」[38]

> 2.「作為動力的願望根據幻想者的性別、
> 　　性格和環境的不同而各異；但是它們天
> 　　然地分成兩大類，它們，或者是野心的
> 　　願望，用來抬高幻想者的個人地位，或

者是性的願望。」[39]

3. 幻想總是帶著過去的經驗，受當下環境的激發，並「創造出一個與代表著現實願望的未來有關的情況」，孩童的願望往往改頭換面地重現於成年人的白日夢中，願望往往「利用一個現時的場合，按照過去的式樣，來設計未來的畫面。」[40]

4. 一般的白日夢者總是爲自己的白日夢害羞，不肯示人，而且即使告訴別人，別人也不會感興趣，甚至會很厭惡。作家的白日夢是以文藝技巧掩飾起來的，因而克服了讀者的厭惡感，使他們「從作品中享受到他們自己的白日夢，而不必自我責備或感到羞愧。」[41]

綜上所述，我們可以發現佛洛伊德在釋白日夢時有如下側重：強調白日夢者的願望是原始的、幼稚的、私人的和受〔他人目光〕壓抑的。

我們注意到，佛洛伊德在《作家與白日夢》中不自覺地做了一個這樣的類比：孩童的嬉戲〔如「扮家家酒」〕與成年人的白日夢，「玩耍的孩子的作為」與「作家的所作所為」。他甚至猜測這兩者間有某種繼承關係：「長大了的孩子在他停止嬉戲時，他只是……用幻想來代替嬉戲。他在空中建築城堡，創造出叫做白日夢的東西來。」[42]也就是說，白日夢始終與孩童心性有某種關係。藝術家在世俗的成年人眼中，顯出孩子般的稚氣，遠古時代的神話傳說以及民間童話，都帶有孩子的天真與稚氣。佛洛伊德把藝術家的白日夢與兒童的嬉戲聯繫起來，其用意在於把白日夢與藝術創作經驗納入「本我—自我—超我」的解釋框架中：兒童象徵著「本我」，「本我」是白日夢的原動力，因而白日夢是「原始的」、受壓抑的[43]。不過，佛洛伊德注意到藝術家白日夢所具有的遊戲性質，這一點是布洛赫不夠重視的。

（二）布洛赫詮釋白日夢

　　佛洛伊德雖然在一些文論中專門探討過白日夢，但在他的釋夢理論中，白日夢僅僅是夜夢的一塊敲門磚——「你們要記得我曾想藉『晝夢』來解決夢的問題。」[44]佛洛伊德藉白日夢向人們說明，夜夢也是對願望的滿足[45]。與佛洛伊德相反，布洛赫注重的不是夜夢而是白日夢。布洛赫肯定了佛洛伊德的這一點：白日夢具有願望滿足（wish-fulfilment）的功用。什麼是白日夢？布洛赫回答說：

　　　　與夜夢不同的是，白日夢可以自由地、重複地選取飄浮於空中的形象（figures），可以是慷慨激昂、夸夸其談，也可以是胡言亂語、痴人說夢，但也可以是醞釀和籌劃。白日夢以一種鬆散隨意的風格來進行自由的思想遊戲，可以是政治思想，也可以是藝術、科學思想，而這種鬆散隨意的風格可以說是與繆斯〔藝

術〕和米諾瓦〔事後沉思，玄思〕相接近
的。白日夢可以使靈感變得完備，而這種
靈感無需多加解釋、只需動手實施就行
了，白日夢還可以建造空中樓閣、勾畫宏
偉藍圖，而不永遠只是杜撰與虛構。即便
是在漫畫式的誇張中，白日夢者也處在與
夜夢者不同的光亮中。[46]

歸結起來，白日夢具有不同於夜夢的五大
特徵：[47]

1. 白日夢不是壓抑性的。夜夢是受到「道
   德審查」的潛意識的幻覺表現，白日夢
   則不受道德審查，是自主而不是受壓抑的。

2. 白日夢者有清醒、完整和自主的自
   我。自我對於幻想可收放自如，即便白
   日夢者再放鬆，白日夢中飄浮的意象也
   不可能反過來控制他。夜夢者則受制於
   夢中幻象，以幻象爲真實發生的事情，
   蓋由於夜夢中的自我十分孱弱，酩酊如
   泥，並向孩童期的自我倒退。

3. 白日夢的另一個特徵是：白日夢具有擴張性，往往瞄向外部現實的改造或重組。白日夢中的自我十分有生氣，在這一點上，佛洛伊德錯誤地把白日夢的自我與孩童的自我等同起來。實際上，即便有時候受創傷的童年自我在記憶中也會摻雜進來，白日夢的主體還是有理性的成年人的自我，甚至比日常狀態下的自我更強有力。按佛洛伊德的說法，在夜夢中「自我」充當道德審查官的角色，布洛赫認為，在白日夢中，情況恰好相反，這時，自我在飽漲著希望的意念（wishful idea）的鼓動下，膨脹變大，此時，道德審查基本上處於暫停階段。比如，一個小人物幻想自己的妻子去世後，和某年輕女郎共渡良宵，或是幻想一個刺殺上司的計畫，這時根本就沒有道德審查的影子。過分膨脹的自我如果失控，就變成「妄想狂」（para-noia）。妄想狂與精神分裂症（schizophr-

enia）不同，後者是一種自我退化現象，即爲了逃避令人不快的現實，患者退縮到童年孤獨而原始的自我中去。妄想狂與之相反，是自我的膨脹，布洛赫說，在未來設計師或偉大的烏托邦主義者行列中，往往能找到妄想狂的影子，在妄想狂這種精神病症狀中可以發現改天換地的烏托邦精神的歪曲了的影像。

4. 小白日夢（即常人的白日夢）具有私閉性。這是由於個人的私利與私欲不具交流性和共享性。那些產生了具普遍意義的充滿希望的意像的白日夢，則具有高度的共享性與開放性，例如上升時期的資產階級關於自我形象和未來世界的幻想，這種幻想在形式上來說是代表「全人類」的。佛洛伊德在《作家與白日夢》中曾指出，作家讓自己的白日夢披上外衣以喚起讀者的白日夢；按布洛赫的看法，藝術家的白日夢之所以感人，主要在於他的白日夢產生了普遍的、可共享

的希望意象，這種希望意象來自於白日
夢中充沛而自由的想像力，缺乏這種想
像力，藝術作品就會變得乾癟無趣[48]。

5. 白日夢具有強烈的目的性。開放的白日
夢往往不滿足於虛幻的精神性滿足，而
是向前奔赴願望實現之地，有如馬克思
所說的那樣，它要「伸手摘取真實的花
朵」[49]。這時，白日夢就變成了烏托邦
期盼，具有了烏托邦功能。所謂烏托邦
功能，是指透過幻想發揮預見未來、超
越現狀、點燃人們改造世界的熱情的作
用。布洛赫正確地指出，在佛洛伊德那
裡，社會現實是不會變更、不可觸犯的
既定實在，因此烏托邦式的白日夢
（utopian daydream，也即烏托邦期盼），
在佛洛伊德那裡便由外向型轉變爲內向
型，從而不再具有批判性和實踐性。在
佛洛伊德的後繼者榮格那裡，這一點表
現得更明顯，滿載希望的意象在榮格
那裡全部被解釋爲蒙昧時代集體無意

識的產物：「神話原型」[50]。開放的白
日夢朝向新生事物，「每一時代的偉大
藝術作品都道出了前此未曾認識到的新
東西」[51]，這新的東西超出了藝術家所
屬的時代，是對歷史客觀趨勢的預見。
而這應歸功於白日夢中的創造性想像，
布洛赫說，現實主義並不因這種超越性
的想像而削弱其現實性，倒是由於有了
一個「絕對」或一個「尚未」的開放空
間，現實主義作品的現實感反而增強
了。有歷史意義的白日夢猜測到人與世
界的發展趨勢，從而能更深地認識現
實、批判現實，這是它具有更強現實感
的原因，而且，它還在遙遠的地平線上
為人設置了一個目標，鼓舞人們朝向世
界的改善前進[52]。布洛赫認為，這樣
一類夢是公開的，不需要像解釋夜夢那
樣去深挖潛意識中的隱念，而應進一步
修正它們，使它們更具普遍性、更合乎
實際、更具體。

　　綜上所述，白日夢有非壓抑性、自主性、擴張性、目的性等特點。在此，布洛赫顯示了他與佛洛伊德完全不同的取向。透過對比白日夢與夜夢、研究白日夢的特徵與性質，布洛赫從個體心理角度闡明了烏托邦期盼最直接的心理基礎：白日夢。存在有兩種不同的白日夢，一種是私人的、鎖閉的小白日夢，另一種是有歷史意義的、充滿創造性想像力的白日夢，從後者那裡誕生了充滿希望的意象和勇往直前的烏托邦精神。佛洛伊德沒有注意到後一種白日夢，而布洛赫則由白日夢上溯至烏托邦精神。

　　如前所述，布洛赫為我們描畫了一條從「欲」向驅力，由驅力向願望，由願望向白日夢，由白日夢向烏托邦期盼的發展道路，詳盡地描述與分析了願望的三重結構：「驅力─情緒─想像」。到此為止，布洛赫透過批判地吸收海德格和佛洛伊德的學說、方法，已經向我們闡明了烏托邦意識的形式特徵（懸而未決、朝向「新」、以虛假或真實的方式與客觀可能性相連、尋求滿足、追求完滿），以及烏托邦

意識的個體心理基礎（驅力—情緒—想像）。

布洛赫將一塊新的研究領域帶到哲學中來
——透過了解布洛赫的烏托邦—詮釋學，我認
為確實存在著一塊長期以來一直被人忽視的社
會心理和社會意識領域，這個領域素來被人們
認為是微不足道、充滿幻象、迷信和迷霧的所
在。白日夢、烏托邦期盼這些精神現象，幾乎
遍布於文明史的每一個階段和每一個角落，而
在動盪的年代裡，烏托邦精神尤其表現得明
顯。

不管是需要（驅力）還是願望，不管是白
日夢還是烏托邦，都不是完全脫離「歷史具
體」的純精神活動，就布洛赫而言，他的烏托
邦詮釋學尋求和歷史唯物主義的結合，這是因
為：

首先，由於白日夢與烏托邦期盼實際上並
不僅僅是一種個體精神現象，而同時還是一種
社會心理和社會意識現象。因此僅僅從個體心
理學（驅力的進化）和現象學（形式化的描述）
角度，無法給出全面的詮釋。

　　其次，單純從主觀方面來演繹「烏托邦精
神」，容易導致康德式（啓蒙主義者）的困難：
真理既已大白於天下，爲何遲遲不實現？[53]康
德將其歸咎於人欲和理性的分離，而這基本上
算不上一個哲學的回答。布洛赫的困難在於：
偉大的烏托邦意象（或曰希望圖景）在白日夢
中早已升起，爲何遲遲不能實現呢？「烏托
邦」等於絕對不可能的「空想」嗎？布洛赫不
是說過，白日夢的特徵之一是強烈的目的性
嗎？他不是曾說過，烏托邦意識是與改造世界
相連的嗎？

　　布洛赫告訴我們，辦法是：在實踐中不斷
地校正抽象的或迷信的烏托邦期盼，使之變得
更合理、更具體，使之與客觀可能性相連，成
爲具體的烏托邦期盼。在社會烏托邦領域，布
洛赫把馬克思的社會理論視爲希望（hope）與
科學的完美結合，認爲在馬克思那裡，希望長
出了「手和腳」，也即把馬克思主義視爲迄今
爲止最「具體」的社會烏托邦。

　　基於這兩個內在要求，布洛赫的烏托邦理

論尋求與馬克思主義的結合。

　　現在的問題是：(1)這種結合有可能嗎？(2)在《希望的原理》中，這種結合做得好嗎？布洛赫對馬克思主義的理解確切嗎？

　　下文將針對這些問題進行分析。

註　釋

[1]Ernst Bloch, *The Principle of Hope* (The MIT Press, 1986)，p.45.

[2]在佛洛伊德那裡，有"sexual drive"，"death-drive"這些說法，國內一般譯為「性本能」，「死亡本能」，但我認為，將"drive"譯為本能，無法體現其方向性、運動性，而內驅力(「欲」)的方向性、運動性是布洛赫特加強調的，所以我謹將"drive"譯為「驅力」。

[3]按佛洛伊德成熟時期的看法，心理活動不可以全部還原為生理活動，心理活動所需要的能量可稱之為心力，心力進行的是心理工作。如是觀之，當「欲」分化、固定為「驅力」之後，心力便移到驅力中。

[4]馬克思、恩格斯：《德意志意識形態》，《馬克思、恩格斯選集》第1卷，人民出版社1972年版，第32頁。

[5]Ernst Bloch, *The Principle of Hope* (The MIT Press, 1986)，p.67.

[6]Ernst Bloch, *The Principle of Hope* (The MIT Press, 1986)，p.67.

[7]Ernst Bloch, *The Principle of Hope* (The MIT Press, 1986)，p.75. 馬克思在《1844年經濟學—哲學手稿》中指出，資本主義制度使工人的需要降至最低限度，

即僅夠維持工人肉體生存的需要(「吃、喝、性行為」),馬克思說當滿足這些需要成了工人從事勞動生產「最後和唯一的終極目的」時,「它們就是動物的機能」,也即非人的機能(《馬克思、恩格斯全集》第42卷,人民出版社1979年版,第94頁)。馬克思認為,工人的這種粗鄙的需要是現代私有制造成的,是一定歷史階段上的產物。在工人那裡,吃喝的需要占了首位,工資僅夠填肚子,失業意味著極度饑餓與死亡,因此,沒有麵包吃的工人感受到的是一種尖銳的要求:造反。布洛赫的分析與馬克思有一致之處。

[8]Ernst Bloch, *The Principle of Hope* (The MIT Press, 1986), p.76.

[9]海德格自己也認為他所說的「此有」(Da-Sein)並不是完全意義上的人。

[10]願望可以說是驅力進一步分化的結果,但我們在這裡仍然把它和「要」(wanting)也即「渴求」(longing)統稱之為驅力。

[11]關於這一點可參考海德格對「怕」(Fear)與「畏」(Anxiety)的區分,「怕」有現成的對象,如老虎、歹徒,「畏」則沒有特定的對象。

[12]Ernst Bloch, *The Principle of Hope* (The MTT Press, 1986), p.75.

[13]「想像」這一維度屬於願望而非欲望。

[14]實際上,對情緒的區分是從對驅力的區分中來的,可是布洛赫在區分驅力時講得不清楚,我們只得從後

[13]「想像」這一維度屬於願望而非欲望。

[14]實際上，對情緒的區分是從對驅力的區分中來的，可是布洛赫在區分驅力時講得不清楚，我們只得從後往前理解。

[15]人的意願總是趨向於滿足，不是眞實的滿足，就是虛假的滿足，不是全部的滿足，就是部分的滿足。

[16]所謂本眞的向死而在，就是：「把此有帶到主要不依靠煩忙煩神而是去作爲此有自己存在的可能性之前，而這個自己卻就在熱情的、解脫了常人幻想的、實際的、確知它自己而又畏著的向死亡的自由之中」（海德格：《存有與時間》，三聯：北京，1987 年，第 319 頁）。由此可清理出對時間的源始理解：「從將來回到自身來，決心就有所當前化〔即現成狀態下領會的「現在」〕地把自身帶入處境〔即被拋在世界之中的與他人共在的處境〕。曾在的（更好的說法是：曾在著的）將來從自身放出當前。我們把如此這般作爲曾在著的有所當前化的將來而統一起來的現象稱作時間性」（同上，第 387 頁）。在時間性中，「首要現象是將來」（同上，第 390 頁），「曾在源自將來」（同上，第 387 頁），將來（Zu-kunft）意即「向著自身到來」（同上，第 386 頁）。在「每一個」「到來」中，「將來—曾在—當前」都是一個圈圈的整體，分不清彼此。

[17]海德格，《存有與時間》，三聯：北京，1987 年，
　　第 376 頁。

[18]Ernst Bloch, *The Principle of Hope*（The MIT Press,
　　1986）, p.45. 由於人的直接當下存在是空，把當前
　　看做是可以用鐘錶來計算的可以作為交換價值尺
　　度的實實在在的「東西」，就是把時間當做存在
　　者來理解，也即對時間做現成化的理解，然而
　　「時間性根本不是『存有者』。時間性不存在，而
　　是：『到時候』」（海德格：《存有與時間》，三聯：
　　北京，1987 年，第 389 頁）。

[19]海德格，《存有與時間》，三聯：北京，1987 年，
　　北 314 頁。

[20]海德格，《存有與時間》，三聯：北京，1987 年，
　　第 310 頁。

[21]海德格，《存有與時間》，三聯：北京，1987 年，
　　第 315 頁。

[22] 「死亡，作為可能性，不給此有任何『可實現』
　　的東西，不給此有任何此有本身作為現實的東西
　　能夠是的東西。死亡是對任何事物都不可能有所
　　作為的可能性，是每一種生存都能不可能生存的
　　可能性。按其本性來說，這種可能性不提供任何
　　依據，可借以殷切盼望什麼東西，藉以想像出可
　　能是現實的東西，從而忘記這種可能性。向死亡
　　存在，作為先行到可能性中去……」海德格，
　　《存有與時間》，三聯：北京，1987 年，第 314

頁。

[23]對於海德格來說，這恰恰是一種不真的狀態即遮
蔽狀態。

[24]海德格，《存有與時間》，三聯：北京，1987年，
第 292 頁。

[25]關於實體化和偶像崇拜，可參見馬克思的《資本
論》，盧卡奇的《歷史與階級意識》和阿多諾的
《否定的辯證法》。此外，布洛赫把「無」釋為「尚
未」，釋為「生成」(Becoming，也譯為「變易」)的
開端和起點，比黑格爾對「有、無、變易」的論
述更勝一籌。

[26]但是，幸福的肉體生活是擺脫了盲目的自然力和
社會力控制的生活，在那裡，對人的幸福構成威
脅的偶然性已降低到最低限度，因此，幸福的標
誌不在於是否處於期盼狀態；相反，「懸而未決」
「提心吊膽」的生活很難說是幸福的。布洛赫不否
認人們在遙遠的未來可能達到幸福，但他畢竟對
「懸而未決」強調得有些過分。

[27]參見 Peter A. Angeles, *Dictionary of Philosophy*,
Harper & Row, Publishers, Inc., 1981，p.77.

[28]布洛赫把世界視為一個自我實現的過程，他說：
「一切的瞬間都潛在地包含著世界完滿(completion)
和世界本質(content)的消息(data)」，「每一瞬
間，當其未湧現之時，都處於世界起源之元年
(the year zero of the world)」(Ernst Bloch, *The Principle*

of Hope (The MIT Press, 1986), pp.308-309)。這不由讓人聯想起老子對創始性的「道」(「無」)的描述:「有物混成,先天地生。寂兮寥兮!獨立不改。周行而不殆。可以為天下母。」(老子,第25章)「夫唯不盈,故能蔽不新成。」(老子,第15章,意即:正因為不過分充盈,所以雖然陳舊,而能新成。「盈」與布洛赫所謂"filled" 或"fulfilled"是一個意思。)「惚兮恍兮,其中有像;恍兮惚兮,其中有物;窈兮冥兮,其中有精,其精甚真,其中有信。自古及今,其名不去,以閱眾甫。」(老子,第21章,如布洛赫所謂每一瞬間都包含著世界發展的種子。)

[29]Ernst Bloch, *The Principle of Hope* (The MIT Press, 1986), p.287.

[30]Ernst Bloch, *The Principle of Hope* (The MIT Press, 1986), p.61.

[31]實際上,這一回到原始的傾向,在佛洛伊德那裡就初現端倪了,佛洛姆指出:「佛洛伊德持這樣一種觀點,即認為原始人才是『健康的』。原始人不需要任何壓抑、挫折或昇華就能滿足自己所有的本能要求。原始人過著無拘無束的生活,他們只需要獲得本能的滿足,這是佛洛伊德所描繪的一幅原始人的圖象。當代人類學家已十分明確地指出,這一圖象乃是一種不切實際的虛構。」(佛洛姆:《在幻想鎖鏈的彼岸》,湖南人民出版

社，1986年，第66頁。）在對待文明與進步問題
上，馬克思、布洛赫、佛洛姆，他們與佛洛伊德
最明顯的分歧是，他們相信人類的進步與完善，
佛洛伊德則對整個的文明持懷疑態度：文明愈發
展，原始的性衝動就愈受壓抑，也就愈容易患精
神病，「在佛洛伊德看來，進化是一種模稜兩可
的賜福，社會幹的壞事和好事一樣多。」（佛洛
姆，《在幻想鎖鏈的彼岸》，湖南人民出版社，
1986年，第38頁。）馬克思和恩格斯一貫反對向前
工業社會的倒退和復古傾向，關於這一點毋須我
多加引證，我想說明的是，受佛洛伊德主義影響
的西方馬克思主義者們，一般是站在社會進步的
立場上改造佛洛伊德主義，連讚美原始和諧並引
用母系氏族神話原型的馬庫色也不例外。如此看
來，布洛赫讚美心力的向上進化是不奇怪的。布
洛赫在包含有偉大的烏托邦期盼的作品中，發現
了最燦爛的精神之光，在這裡，精神達到的深度
不是上帝（如謝勒所描述的那樣），而是大地上的
千禧王國。心力向高層次的烏托邦精神的進化，
與心力向黑暗的虛無的倒退，是判然有別的。布
洛赫對佛洛伊德主義的吸收，是一種全盤的改
造，他說，「在佛洛伊德那裡，只剩下性力比
多、性力比多與自我驅力〔ego-drive，即代表現
實原則的自我〕的衝突，以及陰暗的地下室中的
全部意識〔即潛意識〕和由它產生的種種幻像

（illusions）。」（Ernst Bloch, *The Principle of Hope*（The MIT Press, 1986），p. 57.）

[32]馬克思，《資本論》第 1 卷，第 165-166 頁。

[33]想像的空間得自於願望與滿足之間產生的距離以及躍出「此刻」造成的距離（「與來臨的東西或逝去的東西有了距離」）。

[34]Ernst Bloch, *The Principle of Hope*（The MIT Press, 1986），p. 78.

[35]實踐這個概念除了和「理論」對用，還和「盲動」對用，實踐是帶有理性的行為，或者說是有目的、有意識的對世界的改造。實踐的重心落在行動的結果上，而不落在精神狀態和動機上。

[36]佛洛伊德，《精神分析引論》，商務印書館，1996 年版，第 96 頁。

[37]例如，富人剛才還在幻想一個博愛的世界，馬上就對窮人板起勢利的面孔。

[38]佛洛伊德，《作家與白日夢》，1908 年；《佛洛伊德美學論文選》，知識出版社，1994 年。

[39]佛洛伊德，《作家與白日夢》，1908 年。

[40]佛洛伊德，《作家與白日夢》，1908 年。在歷史領域，馬克思與恩格斯曾指出人們怎樣披著傳統的外衣，來「演出世界歷史的新場面」。與佛洛伊德不同的是，馬克思、恩格斯認為真實的是現代人的願望和動機，古代遺留下來的形式僅僅是一件可以披上的外衣，佛洛伊德則認為，童年時

的願望並沒有隨著人長大而消失，只是改換了一
個形式而已。佛洛伊德的這種觀點是有問題的。

[41]佛洛伊德，《作家與白日夢》，1908年。

[42]佛洛伊德，《作家與白日夢》，1908年。

[43]在佛洛伊德的理論中，社會異己力量對個體心理
的壓抑被簡化成家長對兒童的性壓抑，佛洛姆曾
指出，佛洛伊德學說的致命弱點在於：「馬克思
認為，人是由社會形成的，因此，病理學根源於
社會組織的特性中。佛洛伊德則認為，人主要是
由自己的家庭中的遭遇所形成的；佛洛伊德根本
沒意識到，家庭只是社會的縮影和代理人。」（佛
洛姆，《在幻想鎖鏈的彼岸》，湖南人民出版
社，1986年，第64頁。）

[44]佛洛伊德，《精神分析引論》，商務印書館1996
年，第95頁。

[45]「夢的這個滿足的特性竟為一般談夢者所疏忽，
自然是令人費解的。其實，他們也常常看到這一
層，但是從來沒有人承認它是夢的特徵，而用來
作為釋夢的引線。」（佛洛伊德，《精神分析引
論》，商務印書館，1996年，第97頁。）

[46]Ernst Bloch, *The Principle of Hope* (The MIT Press,
1986), p.86.

[47]Ernst Bloch, *The Principle of Hope* (The MIT Press,
1986), pp.88–90.

[48]某些野心家正是利用某些希望意象來抓取群眾、

製造聲勢的，也就是説，要從歷史效果上來評價
某幻想的作用，還得結合現實，歷史地考察該幻
想在歷史上發揮的實際作用，而不能僅僅從它是
否吸引人這一點來考察。

[49]馬克思，《〈黑格爾法哲學批判〉導言》，1843年
末-1844年1月，《馬克思、恩格斯選集》第1卷，
第2頁。

[50]我們都知道，青年馬克思曾倍受希臘神話中的英
雄形象「普羅米修斯」的鼓舞，但對馬克思來
説，這一神話原型顯然指向未來的人類解放而不
是指向洪荒年代黑暗的集體無意識，用布洛赫是
話來説，「普羅米修斯」就是一個充滿希望的意
象或曰前導性意象。

[51]Ernst Bloch, *The Principle of Hope*（The MIT Press,
1986），p.98.

[52]恩格斯對現實主義作品的認識與布洛赫不同，恩
格斯認為現實主義優越於自然主義之處，在於現
實主義作品塑造典型環境和典型人物，從而能抓
住現實的本質也即有更強的現實感。（《恩格斯致
瑪·哈克奈斯》，1888年4月初，《馬克思、恩格
斯選集》第4卷，第462頁。）恩格斯反對簡單化
的「傾向小説」，反對「席勒式地把個人變成時
代精神的單純的傳聲筒」，（《恩格斯致斐·拉薩
爾》，1859年4月19日，《馬克思、恩格斯選集》
第4卷，第340頁。）主張「作者的見解越隱蔽，對

藝術作品來說就愈好」，甚至認為，現實主義「可以違背作者的見解而表露出來」，例如擁護貴族統治的巴爾扎克恰恰如實描繪了資產階級戰勝貴族的歷史過程。(《恩格斯致瑪‧哈克奈斯》，1888 年 4 月初，《馬克思、恩格斯選集》第 4 卷，北 462 頁。)恩格斯認為，「如果一部具有社會主義傾向的小說透過對現實關係的真實描寫，來打破關於這些關係的流行的傳統幻想，動搖資產階級世界的樂觀主義，不可避免地引起對現存事物的永世長存的懷疑，那末，即使作者沒有直接提出任何解決辦法，甚至作者有時並沒有明確在表明自己的立場，但我認為這部小說也完全完成了自己的使命。」(《恩格斯致敏‧考茨基》，1885 年 11 月 26 日，《馬克思、恩格斯選集》第 4 卷，第 454 頁。)恩格斯的思想特色是，從社會現實出發而不是從觀念和理想出發，他對於社會意識中的「幻想」十分警惕，如前引段落中提及的「流行的傳統幻想」，又如在〈社會主義從空想到科學的發展〉(1880 年 1 月－3 月)一文中，稱讚空想社會主義「突破幻想的外殼而顯露出來的天才的思想萌芽和天才思想」(《馬克思、恩格斯選集》第 3 卷，第 409 頁)。布洛赫讚美幻想和想像所具有的爆破力，這使他與走現實主義路線的盧卡奇產生了「表現主義」之爭。這場爭論孰是孰非，一時難以判定，但可以肯定的是，文革中湧現的誇張得變

形的理想詞句，是既不具有文學價值又無現實感的。

[53]對 18 世紀法國啟蒙哲學家以及聖西門、傳立葉、歐文，恩格斯曾以摹仿的口吻進行過精彩的諷刺：「真正的理性和正義至今還沒有統治世界，這只是因為它們沒有被人們正確地認識。所缺少的只是個別的天才人物，現在這種人物已經出現而且已經認識了真理；至於天才人物是在現在出現，真理正是在現在被認識到，這並不是歷史發展的進程所必然產生的、不可避免的事情，而純粹是一種僥倖的偶然現象。……社會表現出來的只是弊病；消除這些弊病是思維著的理性的任務。於是就需要發明一套新的更完善的社會制度，並且透過宣傳，可能時透過典型示範，把它從外面強加於社會。這種新的社會制度是一開始就注定要成為空想的，它愈是制定得詳盡周密，就愈是要陷入純粹的空想。」恩格斯，《社會主義從空想到科學的發展》，《馬克思、恩格斯選集》第 3 卷，第 406、407、409 頁。

第三章
烏托邦詮釋學
與馬克思主義的關係

宗教批判摘去了裝飾在鎖鏈上的那些虛幻的花朵，但並不是要人們依舊戴上這些沒有任何樂趣任何慰藉的鎖鏈，而是要人扔掉它們，伸手摘取真實的花朵。
〔馬克思，《〈黑格爾法哲學批判〉導言》，《馬克思、恩格斯選集》，第1卷，第2頁。〕

如果一個人完全沒有這樣來夢想的能力，如果他不能間或跑到前面去，用自己的想像力來給剛剛開始在他手裡形成的作品勾畫出完美的圖景，——那我真是不能設想，有什麼刺激力量會驅使人們在藝

術、科學和實際生活方面從事廣泛而艱苦
的工作，並把它堅持到底……只要夢想的
人真正相信自己的夢想，仔細地觀察生
活，把自己觀察的結果與自己的空中樓閣
相比較，並且總是認真地努力實現自己的
夢想，那麼夢想和現實之間不一致就絲毫
沒有害處。只要夢想和生活多少有些聯
繫，那麼夢想絕沒有什麼不好的地方。」
〔列寧，《怎麼辦？》，1901年秋-1902年2月，
《列寧選集》第1卷，人民出版社1974年，第
379頁。《希望的原理》導言中曾引用過這段
話。〕

第一節 「問題在於改變世界」

　　布洛赫的希望哲學受到了馬克思強烈要求
改造現實世界（訴諸實際行動和物質力量）的
革命精神的影響。

　　在《希望的原理》中，布洛赫把馬克思理

解爲一個人本主義者，認爲馬克思是一個被
「非人」狀況激怒了的知識分子，「整體而
言，馬克思主義不是別的，而是反對非人性的
鬥爭，非人性在資本主義達到高潮也即到了它
最終被取消的時刻」，「馬克思主義是爲了提
高人性而鬥爭」[1]。布洛赫認爲馬克思在後來
雖然很少使用「異化」一詞，但這只是詞句上
的變化而不是實質性變化，馬克思終其一生都
是一個滿懷「希望」的人本主義者。他按費
爾巴哈的思路來理解宗教（宗教是人的本質
的異化），但認爲費爾巴哈的缺點在於把人的
本質視爲固定不變的，而馬克思則克服了這一
點，把人理解爲一個具有改造世界的本質力量
的開放的 X。

　　雖然布洛赫在《希望的原理》中也提到過
歷史唯物主義和剩餘價值學說，但他對馬克思
的理解主要限於《〈黑格爾法哲學批判〉導
言》、《1844年經濟學—哲學手稿》和《關於
費爾巴哈的提綱》等早期著作，並由此出發來
解讀《德意志意識形態》和《資本論》。布洛

赫抓住《〈黑格爾法哲學批判〉導言》和《關
於費爾巴哈的提綱》中的一些帶有人本主義痕
跡的詞句，認爲馬克思經歷了從批判宗教異化
到批判世俗異化、從費爾巴哈式的人到真實的
實踐著的人的變化，在這一變化中，哲學找到
了無產階級（「哲學不消滅無產階級，就不能
成爲現實；無產階級不把哲學變成現實，就不
可能消滅自己」），哲學家找到了現實的人
（「所謂徹底，就是抓住事物的根本。但人的根
本就是人本身」）。布洛赫對馬克思的人本主
義理解是一種誤讀，這一誤讀遺忘了成熟的馬
克思。

　　何以說這是一種誤讀呢？馬克思和恩格斯
確實有一個受費爾巴哈人本主義影響的時期，
但他們並沒有停留於此，而是從「人的本
質」，走向「經驗的、肉體的人」，走向「生
產實踐的人」，最終轉向唯物史觀。從《德意
志意識形態》開始逐漸建立起來的「生產力—
生產關係」、「經濟基礎—上層建築」等範
疇，雖然很有「大敘事」的味道，但馬克思在

成熟時期主要的理論取向並不是要對整個歷史
進行「從概念到概念」的哲學玄思，而是試圖
根據實證材料、從理論上再現資本主義社會的
本質結構（或曰資本運行機制）。馬克思走向
「實際生活（活動）的人」，其目的在於找到
科學地觀察歷史的視角（唯物史觀），而不是
爲了建立所謂實踐的、能動的人本主義，更不
是爲了建立什麼「人學」[2]。在費爾巴哈那
裡，馬克思發現了「宗教異化說」，不久他不
滿於空洞地批判宗教，便試圖把「異化」概念
引入世俗世界，可是在寫作《1844 年經濟學
一哲學手稿》的過程中，馬克思愈來愈發覺不
能用「異化」這個黑格爾、費爾巴哈的思辨概
念來規整實證的經濟學材料。馬克思與德意志
意識形態的「決裂」好比是浪花與水沫，在浪
花與水沫下面，潛伏著一個如阿圖色所說的更
深層次的「決裂」（從意識形態到科學的方法
論斷裂），或用我的話來說，存在著一個從思
辨哲學到「科學」[3]的決裂：思辨哲學從某幾
個概念出發，科學則從事實出發，馬克思的歷

史「科學」是從先於概念的資本主義社會整體
出發的。不過，馬克思的敘述方式仍然是哲學
式的，我們甚至可以說，《資本論》在敘述方
式上可以比之於黑格爾的《精神現象學》和
《邏輯學》，《資本論》批判和扭轉了一系列
日常概念和政治經濟學概念的含義，然後用這
些概念來描述資本的成長史。布洛赫沒有從這
個方向上來理解馬克思的早期著作，而是從人
本主義方向上來理解，這是一種誤讀。

　　布洛赫過於看重「人本身」和「異化」這
些詞句，導致了他對《關於費爾巴哈的提綱》
和《德意志意識形態》的誤讀，其實，就在
《德意志意識形態》中我們就能找到人本主義
的概念所經歷的實質性轉變，而這是布洛赫在
閱讀時沒有注意的。布洛赫以《關於費爾巴哈
的提綱》為綱，以《德意志意識形態》為目，
顛倒了二者的關係，這表現在：他沒有從《關
於費爾巴哈的提綱》與唯物史觀的聯繫來理解
它，而是從「理論─實踐」的角度來理解它。
布洛赫是從《〈黑格爾法哲學批判〉導言》來

理解「理論—實踐」這對概念的，《〈黑格爾法哲學批判〉導言》所說的「伸手摘取真實的花朵」、「實踐本身應力求趨向思想」、「哲學把無產階級當做自己的物質武器」等與其說是理論表述，不如說是立場和態度的表達。

　　在中世紀，人們基本上沒有「改造世界」的觀念，隨著資產階級的興起和科技的突飛猛進，改造世界、參與歷史的觀念逐漸流行起來，這一觀念在哲學上的典型反映是十八世紀法國啓蒙運動對理性的宏揚：「要有勇氣運用你自己的理智！這就是啓蒙運動的口號」[4]。在過去是上帝創造和決定一切，在現代則是人的理性主宰一切，不合乎理性的世界理應得到改造！法國哲學的立足點是對世界的改造，德國哲學是學院中的哲學，其落腳點是對「理性」[5]自身的反思，馬克思用「理論／實踐」這對二元概念來批判的對象主要是德國的學院哲學。布洛赫特別注意《關於費爾巴哈的提綱》中的「思維的現實性和力量」、「革命化」、「人類」這些字眼，對於「人的本質是一切社

會關係〔條件〕的總和」這句話，布洛赫跳過
馬克思後來在《德意志意識形態》中表達的人
的「生活形式」受「生產形式」制約和規定的
思想，將它解釋爲：馬克思突破了斯多葛式的
對「人」的靜止理解，把人理解爲勞作著的、
自己創造自己歷史的、本質「尚未」實現的
人。布洛赫認爲，「問題在於改變世界」（《關
於費爾巴哈的提綱》）這句話體現了馬克思勇
於開拓、站在通往新世界的「前沿陣地」上的
烏托邦精神。

　　「問題在於改變世界」實際上並不是馬克
思的首創，馬克思不過更徹底地表達了啓蒙時
代的精神，或不如說表達了「摩登時代」的時
代精神。布洛赫還引用了馬克思的另一段話：
「對宗教的批判最後歸結爲人是人的最高本質
這樣一個學說，從而也歸結爲這樣一條絕對命
令：必須推翻那些使人成爲受屈辱、被奴役、
被遺棄和被蔑視的東西的一切關係」 [6] 。這
段話更爲強烈地表達了青年馬克思「改造世
界」的意志與決心，「絕對命令」一詞強烈地

撞擊著布洛赫的心扉。「絕對命令」一詞顯然
更來源於理想主義的康德，而不是來源於更爲
世故的黑格爾，馬克思在成熟時期，更接近於
黑格爾式的現實主義，而不是康德式的理想主
義和道德主義。即使我們說馬克思在政治上有
理想主義的傾向，但馬克思的治學精神顯然是
現實主義的，這可以從馬克思不停地諷刺和挖
苦其他社會主義理論這一點看出來──馬克思
一開始，總是先考慮現實的條件和可能出現的
壞結果。

　　馬克思強烈要求改造現實世界的革命精神
貫穿於他全部的理論活動之中，他總是一再地
要求看到世界發生物質性的、結構性的變化。
這與其是一種理想主義，不如說是一種現世精
神。正是在這一點上，布洛赫對馬克思的解讀
不能說是徹頭徹尾的誤讀，馬克思學說的精神
實質深刻影響了布洛赫的思想。深受馬克思的
現世精神的影響，布洛赫認爲夢想最終期待著
實現、期待著真實的滿足：夢想不滿足於夢
想，而是要「伸手摘取真實的花朵」。如導論

中所說，布洛赫在此實際上將夢想分爲兩類，
一類指向實現和真實的滿足，另一類則沉淪於
「此刻」的空無之中，前者可以稱之爲「烏托
邦期盼」、「烏托邦夢想」，這類精神現象正
是布洛赫研究的主題。

　　馬克思的現世精神及其唯物主義，和烏托
邦詮釋學究竟是什麼關係呢？

第二節　夢想（dreaming）與實現　　（realization）

　　意識的改革只在於使世界認清本身的
意識，使它從迷夢中驚醒過來，向它說明
它的行動的意義……世界早就在幻想一種
一旦認識便能真正掌握的東西了。
〔1843年馬克思致盧格的信，《馬克思、恩格
斯全集》第1卷，人民出版社，1977年版，第
418頁。〕

　　這些〔民歌體〕詩原來在我的頭腦裡
已醞釀多年了。它們占住了我的心靈，像
一些悅人的形象或一種美夢，飄忽來往。
我任憑想像圍繞它們徜徉遊戲，給我一種
樂趣。我不願下定決心，讓這些多年眷戀
的光輝形象體現於不相稱的貧乏文字，因
為我捨不得和這樣的形象告別。等到我把
它們寫成白紙黑字，我就不免感到某種悵
惘，好像和一位摯友永別了。
〔歌德，《歌德談話錄》（1823-1932 年），愛
　克曼輯錄，朱光潛譯，人民文學出版社，
　1991 年，第 207 頁。〕

　　實際上，夢想的真正動人之處還不在於能
否「變現」，而在於懸而未決的、全身心投入
的渴望，在於大膽而瘋狂的想像。例如，少年
時代之所以動人，就在於少年全身心地強烈渴
望一些「虛幻」的東西，如羅曼蒂克的愛情、
偉大的真理、英雄的業績等等，少年給人一種
日新月異、欣欣向榮、天天向上的感覺，而在

他自己也總感覺在一天天地「逼近」某種完美
的東西，這種逐漸逼近完美的感覺在藝術家身
上終身保持著（如羅丹、里爾克）。就是布洛
赫自己，他最沉迷的也還是夢想的這些動人的
方面。

　　在《希望的原理》一書中，布洛赫在論及
夢想和實現之間的關係時，曾講過這麼一個傳
說：在攻陷特洛伊城後，梅勒勞斯（Menel-
aus，海倫的丈夫）發現自己總也無法抵家，
於是他暫時撇下海倫，駕船四處尋找，希望能
得到神諭的指點，一天他來到了埃及，在一個
古堡中遇見了一個和海倫長得一模一樣的女
人，這個女人自稱是他真正的妻子，而投入帕
裡斯（Paris，特洛伊王子）懷抱的不過是赫拉
（Hera）為愚弄希臘人製造一個幻影，她自己
──真正的海倫，則被赫爾莫斯（Hermes）引
到了埃及，從未喪失貞操。也就是說，十年堅
苦卓絕、可歌可泣的戰爭為的只是一個女人的
幻影！梅勒勞斯難以相信埃及海倫的話，從心
理上他就不願接受這一點：「我更相信我所受

的苦難，而不相信你〔埃及海倫〕」!直到有消
息傳來，說那個留在海灣的海倫果真是一個幻
影（這個幻影即使在消逝時，仍是光彩奪
目），他這才敢相信。特洛伊戰爭的主要目的
之一是把海倫奪回來，可是當一個沒有喪失貞
操的真海倫來到面前的時候，她的丈夫反倒有
些微失望。原來，無數英雄爲之奮鬥和犧牲的
絕代佳人，本來就是一個與真實的海倫有距離
的、附加了每個人的願望和幻想的形象!

> 多少艘艨艟一齊發，
>
> 白帆篷拜倒於風濤，
>
> 英雄們求的金羊毛，
>
> 終成了海倫的秀髮。
>
> 〔卞之琳，《燈蟲》，1937 年 5 月〕

金色的夢境，多麼輝煌!因此當夢想實現
的時刻，人們反倒有些失望。這種情況在人生
中屢見不鮮。布洛赫舉例說，一個乘船返鄉的
人想著馬上要見到心愛的人兒，心中激動不

已，一旦船到岸，忽然間又有幾分失落。因此浪漫主義者們視婚姻爲愛情墳墓，他們像唐吉訶德那樣爲幻想中的「永恆女性」受苦受難，他們克服艱難險阻所做的一切都是爲了向心上人表示忠誠和殷勤，卻不敢靠心上人太近，其緣故在於，他們更愛自己的幻想，不敢面對幻想的破滅：作爲「信仰的騎士」，祁克果（Kierkegaard, Soren Aabye, 1813-1855）甚至把到手的心上人拱手讓給別人，甘願獨自忍受相思的折磨！夢想有時候真比夢想的實現要迷人！此即精神之魅力。

　　布洛赫自己即深深地爲此精神的魅力傾倒，因此整整三大卷《希望的原理》，談到「具體的烏托邦」，談到馬克思主義社會主義的地方實在是不多。相反，充斥全書的，是各種令人心動的夢想。也許布洛赫自己並沒有意識到這一點吧。

　　布洛赫受馬克思現世精神的影響，總是把實現看得比夢想更重要。當然，由於他是一個真正的思想家，他不會簡單地來看待夢想和實

現之間的關係。

　　布洛赫說，所有的夢想多多少少都盼望著實現。這句話要看你怎麼理解。如前所述，夢想乃是帶有圖像的願望，夢想與願望原是一體。願望當然蘊涵著對實現的訴求，但究竟是什麼意義上的「實現」（實現什麼？怎樣實現？實現成什麼？），則還要深思。即便是那種散漫的、不導致行動的白日夢，也蘊涵著某種訴求，如軟弱的小職員幻想殺掉上司，雖然他並不真的想去拿刀殺人（可能因為他害怕法律的追究，不願面對殺人的心理壓力，以及為掩蓋犯罪痕跡引發的一大堆麻煩），但當他沉迷於這個夢想的時候，他有一種身歷其境的感覺，至少在夢中他拿起刀並實現了自己的願望，這對他來說已經足夠。

　　我們完全可以設想這種情況：做夢的人雖然意識到自己並不想去實踐他所做的夢，但他還是從夢中獲得了快感，他在夢中訴求某種東西，並在夢中實現這一訴求。由此可見，雖然夢想在有些情況下確實引發了實際的行動，從

而改變了現實世界的面貌，但對實現的訴求不見得就等於付諸實踐（肉身的行動），不見得就等於以物質形式表現出來或改變物質世界的面貌。依我之見，「願望─夢想」所蘊涵的對實現的訴求，首先乃是一種主觀上的訴求，這一主觀訴求其實是「願望─夢想」本身所具有的根本特性之一；另一與此相關的特性是「恍然信以為真」：假如所有做白日夢的人根本沒有任何訴求（這不可能，因為「願望─白日夢」本身就是一種訴求）、假如根本沒有任何身歷其境的真實感 [7]，那麼世界上就沒有人有興趣做白日夢了。

即便是藝術家遊戲性的夢幻也包含著某種「信以為真」，以及某種對實現的主觀訴求。藝術家明明知道自己在虛構，在做遊戲，但假如他一刻也不能投入進去，假如他一刻也沒有恍然以幻象為真，那麼他根本就無法創造出堪稱藝術品的東西來。實際上，很多作家在創作時，都會為筆下的人物動心，或覺得有趣，或覺得刺激，或意氣風發，或悲嘆惋惜，乃至痛

哭流涕，搞得就像真的似的。即便是那些注重
純形式的作家，他們在進行虛構時也不會沒有
某種訴求，例如對某種完美或某種理想心境的
訴求，這些訴求強烈地要求在創作中實現，假
如他們幸運的話，在某次或某段時間的創作
中，這些訴求真可能實現呢！當然這種實現並
不是像馬克思主義要求的那種對社會面貌的變
革。拿我自己來說，有段時間我特別希望在詩
的寫作中能達到一種純淨透明的境界，結果真
有那麼幾首把我帶入了那個沒有死亡、沒有時
間的美麗瞬間。這不也是一種實現嗎？

　　對實現的主觀訴求是一回事，實現則是另
一回事，而且究竟以何種方式實現，則還需細
加考究，因為可能會有各種不同的實現方式，
馬克思主義意義上的實現只是其中的一種。布
洛赫因受馬克思主義影響，在很多時候都把實
現視為對物質世界的改造，也即是說，夢想或
許一時不能夠落實，但在遙遠的未來，世界真
的有可能變得像人們嚮往的那樣美好、那樣適
宜於人居住呢。我以為，這並非不可能之事，

但若想澄清夢想與現實、精神與物質的關係，
僅僅這麼說還顯得不夠。

　　布洛赫在這麼說的時候，自己遇到了一個
難題：為何有很多時候美夢成真反而令人失
望？為何有人寧要特洛伊的海倫也不要埃及的
海倫？

　　且先聽聽布洛赫自己怎麼回答 [8]：

　　為何美夢成真反而令人失望？原因之一
是：幸福總在你所不在的地方。實現了的當下
瞬間比夢想黑暗得多，有時甚至是空洞、貧乏
的，夢想總是顯得比它的實現更光明、更堅
固。「閃閃發亮的雲朵一旦靠近，便只是環繞
我們的灰色霧靄，遠山一旦接近，它的藍色就
會消失無跡。」[9] 理想，只可遠觀而不可褻
玩。浪漫主義的愛情總是給被愛者戴上光環，
戀愛著的浪漫主義者實際上愛的是他自己，浪
漫主義從來不能忍受歡宴的收場（如賈寶
玉），從來不認真考慮任何實現。浪漫主義者
熱愛距離勝過目的地，熱愛幻像勝過熱愛真
實。最極端的表現是祁克果 [10]，他取消了婚

約，卻又愛著那個女人，繼續對那個女人忠心
耿耿。希望常常使我們不相信任何直截了當的
實現，「近」使事情變得困難，希望，至少是
那種對所希望之事迫近眉睫的預感，比「近」
顯得更容易，甚至更為充實（filling）。

　　原因之二是：夢中的生活變得自給自足
（independent）。夢想的偶像，即便在夢想實
現後也不會立刻消失，實際上，反常情況是可
能出現的：偶像（idol）反成真，現實反成
幻，夢鬧獨立了，這表現於埃及海倫的傳說
中，也表現於唐吉訶德的身上。以夢中偶像為
真 [11]，以夢為現實，這是夢的自足性最極端
的表現。在一切夢想的滿足（fulfillment）中，
甚至是在那種全盤的滿足中，也有某種特定的
希望要素保留下來，留下痕跡，就其存在方式
（mode of being）而論，這一殘留的希望要素
與實存（existing）或當下實存的現實全然不
同，而且最終將與它所包含的內容一起留待後
用。例如我想到北大哲學系念書，最後如期考
上了，這就是布洛赫所謂全盤的滿足；但真正

來到北大哲學系，則肯定會有某些失望，或有
意想不到的好事情，總之，我原來所願望和幻
想的東西（它們當然不能簡單地歸結爲「拿到
錄取通知書」），不可能和我在北大哲學系的
現實生活完全「符合」，其根本原因在於，夢
想與所謂「現實生活」是性質不同的兩樣東
西。所以在實現時，夢想總會有殘留。

　　布洛赫認爲，夢想之所以能失望，正是由
於所有的夢想多多少少都盼著落實：「夢想根
本不想持續不斷地指向前方」。　[12] 在他看
來，夢想背後的驅力不可能滿足於夢想本身，
夢並不爲夢而夢。在白日夢中，人們的快感總
是來源於：自己所夢想的東西彷彿（as if）真
的存在、真的「實現」了（我在上面也提到並
同意這一點）。這是夢想所具有的一種主觀性
質，但布洛赫認爲，即使是主觀的，也能從中
見到一種抗衡夢的偶像化（reification）的力
量，見到一種抗衡那種希望之延遲或曰遺留現
象（即希望靠岸時，希望本身卻沒有靠岸）的
力量。這一延遲，就夢想自己而言，是

「損」，但血肉添加到夢想上，則是「增」。夢好比是開花，夢的落實好比是結果，開花與結果不完全等同，有時花大於果，有時果大於花，也就是說：夢想超過現實的部分不包含在現實中，現實超過夢想的部分也不孕含在夢想中；而一步步踩出來的道路可能比原先所想像的實現道路要漫長曲折得多，現實往往比想像的要複雜 [13]。

　　布洛赫認為，對於夢想之實現時刻，既不應過分強調此刻的黑暗以及夢的色彩的喪失，也不能像神秘主義者那樣宣稱能無距離地投入上帝懷抱。實際上，即便是神秘主義者，也不可能真的達到那一刻，神秘主義的高峰體驗仍不過是對與上帝直接相遇的一種期盼（anticipation）和預感（presentiment）。神秘主義者取得的「絕對安寧」，與喪失了夢的色彩的此刻的黑暗同樣缺少安寧。在這類高峰體驗中，只有浮士德式的對於至高至善時刻的預感可以客觀地得到辯護。所謂浮士德式的預感，是對完滿、對終點的超前感受，這一超前感受

奠定在「泰初有爲」（即不懈的追求和行動）的基礎上。因此，流浪的奧德賽（Odyssey）比到家的奧德賽有更多的意義，這一意義遺留下來。但流浪並不是奧德賽的最終目的，奧德賽的預感與客觀的趨向有聯繫：回家的路途並非無限漫長，因此對歸家的期盼是有可能達到的期盼——儘管在冒險的途中，奧德賽只能期盼、只能預期，而不可能未卜先知。齊克果式的遲疑是不可取的，因爲他無休止地追求絕對，其實並不真心考慮任何實現；而神秘主義雖然宣稱終極目標能夠完全實現於此時此刻，但這種宣稱也是不足取的（布洛赫並沒有解釋爲什麼不足取），其原因可能在於：它並沒有和世界真實的趨向聯繫起來。

布洛赫認爲，真正的預期和預感，是與某一最終可達的狀態聯繫在一起的，也就是說，追求目標的過程是有限的，而不是無限的，目標最終有可能在現實世界中實現，而不是全無可能。真實的預期表現在革命勝利的歡慶場面中，但它並不滿足於此。革命的成功固然是高

潮，是歡慶的節日，社會主義革命固然實現了
那些人類長久以來的希望，但恰恰因為這些原
因，革命要求人們所意想的自由王國之圖景變
得更具體，要求通往自由王國的未竟之途能變
得更具體。革命勝利的當下時刻，並非安寧、
休止，而是一個孕含著巨大能量的新起點。這
一「時刻」，既不應看成是喪失了夢的美麗
色彩的黑暗時刻，也不應看成是絕對的安寧和
絕對的實現，而是應充分理解這一時刻所具備
的動力——「烏托邦只有抓住『此時此刻』所
包含的驅力內容（driving-content），這一驅力
之基本情態：希望，才可能完全包容在實際的
勝利當中」[14]，也就是說，只有把革命勝利視
為面向未來的新開端，在勝利的當下時刻才可
能孕含著希望，否則不是失望，就是自我陶
醉、故步自封。

　　前面說過，布洛赫真的認為整個自然世界
孕含著一個至善的結局，從這個前提出發，我
們不難理解布洛赫為「實現為何會帶來失望」
這一疑問提供的答案。布洛赫的回答可簡單地

概括為：夢想與現實確有不同，夢想在實現時刻會有某種遺留，但真的可能存在那麼一個終極的「實現」（也即達到「至善」），到那時，夢想不再有延遲和距離；退一步說，世界至少存在著朝向至善演化的可能趨向，在朝向和接近至善的途中，每一次「實現」都不是最終的解決，因此總會有某些未實現的希望要素遺留下來，這些希望要素指向更遠的目標；真實的夢想和真實的預期，是和世界真實的趨向聯繫在一起的，從某種意義上來說，它們就是世界運動過程的一部分——世界就像一塊醱酵的麵團，烏托邦精神（即世界朝向至善發展的衝動）無處不在。在此，布洛赫實際上提出了一種理解物質、精神關係的非馬克思主義的思路：自然界是活的、自我生成、自我成形的，烏托邦精神作為自然界的精神，作為其向上的動力，不斷地產生出各種物質形態；精神與物質保持著緊張的關係，物質既阻礙精神，又幫助精神。這樣一來，布洛赫對「何謂實現」的理解就離馬克思遠了，離德國唯心論近了。

　　布洛赫把人類所具有的烏托邦精神泛化到
宇宙中去，乍看起來有些駭人聽聞，但我們只
要考慮到布洛赫的德國唯心主義哲學背景，就
不會這麼驚訝了。費希特認為人並不是感性世
界的產物，他的生存的終極目的在感性世界是
不能達到的，感性世界即現象界是透過「我」
而存在的，但「我」又歸屬於一個更大的精神
本源：「無限意志」，這一神秘的無限意志保
持和負載萬物，並以萬物和人為手段來實現至
善的目的。謝林則認為：自然與精神是同一
的，自然既是創造者，又是被創造者，比一切
機械運動更基本的是自然的「原始的最初的
運動」[15]；自然既有物質性也有精神性，在
理性中我們發現「自然與我們在自身內所認作
心智和意志的那個東西原來是一回事」，自然
科學則向我們證明，一切自然定律都能徹底心
智化為直觀和思想的規律，在此，「現象，也
就是物質的東西，必須完全消失，留下的只是
那些規律，也就是純形式的東西」[16]。

　　黑格爾則認為，絕對精神（即世界的本質

和動力）將自己異化到自然界，又從自然界回來，經過一系列發展，最終回到自己那裡，達到最豐富、最完善的境地。從德國唯心論這個傳統上來說，布洛赫的思想可以概括為：人的精神衝動（向上的烏托邦期盼）與整個宇宙的向上衝動是同一的，但人的精神時常被黑暗的瞬間阻礙，宇宙則時常被虛無的力量威脅。在費希特那裡，人所欲求的更好的世界，只是一有限的塵世目的，這一目的是可達的，但不是最高的，它之所以有意義，是因為超凡世界另有一精神秩序：「我」是兩種秩序的成員，一種秩序是純粹精神的，在那裡「我」以純粹意志（善良意志）發揮作用，另一種秩序是感性的，在那裡「我」以「我」的行動發揮作用，「我」之突破感性的現象界、上升到精神界，乃是為了提升「我」的境界。布洛赫與之不同的是，他的理論旨趣不在於提高人的精神境界，而在於改造現實世界。

　　現像世界的背後是否有一精神本體，靈魂是否能脫離肉體而存在，是否能回到精神本體

從而獲得不朽[17]，對這一問題，能思者只能猜
度，只能寄予希望，給以想像，卻無法作出肯
定的回答。迄今爲止，只在人類世界發現有精
神現象（動物只有蒙昧的意識，沒有光明遼闊
的精神），這些精神現象在人生體驗、話語、
語言、藝術作品、歷史記載等方面有大量的蹤
跡可尋，像布洛赫這樣肯定整個自然世界存在
著烏托邦精神，從學理上來說是缺乏依據的——
—但也不乏可同情之處。

布洛赫設定自然界有一精神本體，與他對
共產主義的信仰多少有些矛盾。按照費希特
的觀點，人間天國（哪怕是共產主義）僅僅是
一可達的、塵世的目標。因此，烏托邦精神不
可能在塵世和肉身中獲得完全滿足。布洛赫卻
說，烏托邦精神最終會在塵世（家園）駐足停
頓，驅力將獲得當下的、完全的滿足：「最
終想要達到的是真實的當下存在，惟其如
此，生活瞬間才能屬於我們，我們才能屬於
生活瞬間，並對生命的一瞬說：『請停留一
下吧』[18]。人最終想作爲他自己進入『此時此

地』，想不帶拖延地、沒有距離地進入他的豐滿生活。他認爲，真正的烏托邦意志（utopian will）肯定不是無盡期的欲求（striving），毋寧是：想要看到純粹的直接性，由此，自我定位和此時此地的存在最終得到了中介，最終得到了光亮，最終得到了歡樂的和充分的實現。這就是『請停留一下，你真美呀』這一浮士德式的表達所暗含的烏托邦『前沿—內容』」[19]。

「最終想要達到的是真實的當下存在」是這段話的核心要義。這句話把夢想的「實現」最終落實到「物質形態」（塵世之中的肉身狀態）上，因而體現出馬克思的現世精神對布洛赫的影響。[20]但布洛赫對終極狀態的這一描繪，實際上遠遠超出了馬克思所能預想的共產主義圖象[21]。

「問題在於改變世界」這個口號在布洛赫那裡，有著不同於馬克思的意義。布洛赫的「世界」與馬克思的「世界」從根本上來說是不同的。在馬克思那裡，是人去改造世界，在

改造世界的過程中，人的精神逐漸成長。在
布洛赫這裡，世界自己塑造自己，世界之精神
不停追求，在其終點上，世界有可能達到完美
的存在，在那裡，精神充分物質化，物質充分
精神化，靈與肉取得了最終的和解，每一個生
活的瞬間都是美好的：瞬間即永恆。這聽起來
多少有些像神秘主義者所追求的「神人交融」
狀態，是的，在布洛赫的理論底下，隱秘地包
含著嵌在肉身中的靈魂對不朽的渴望。肉體在
光陰流逝中終將腐朽乃至無形，快樂和幸福在
憂患與痛苦的包圍中稍縱即逝，對於不朽，誰
不曾有過隱秘的渴望！

第三節　意識形態中的烏托邦要素

　　烏托邦意識一方面屬於精神界，但另一方
面它又處於世間，承載有一定的社會歷史內
容。布洛赫對烏托邦意識的社會歷史內容的論
述顯然受到了馬克思、恩格斯的影響，這表現

在：布洛赫也用階級、經濟基礎等來分析烏托
邦意識，並認為烏托邦意識是隨時代而變化
的。但另一方面，布洛赫也把烏托邦詮釋學帶
入對意識形態的分析。

　　布洛赫認為，「意識形態源於腦力和體力
分工，有閒階級遂得以自欺且欺人。統治階級
的意識形態透過掩蓋剝削、否認其經濟根源來
為現存的社會條件做辯護」，「虛假的意識伴
隨著已往一切時代的文化」。布洛赫還認為，
意識形態可分為三階段：（1）準備期（新興與
腐朽沒落統治階級在上層建築領域較量以保護
自己代表的未成熟的經濟基礎）；（2）得勝期
（生產力與生產條件暫時和諧，裝飾，合法
化）；（3）沒落期（有意的欺騙，顛倒黑白，
粉飾腐朽了的經濟基礎）[22]。在這些方面，
布洛赫基本上是老生常談。但他緊接著指出，
意識形態不僅僅是「虛假」的，否則意識形態
便不可能具有其最大特徵：（不成熟地）調和
社會矛盾。

　　布洛赫進一步指出，在統治階級的意識形

態統治下，相當一部分的文化產品仍具有或多
或少的烏托邦功能，即向未來、向新事物或向
「更好」開放的精神功能[23]，假如沒有這種超
越既定現實的精神功能，占統治地位的意識形
態便只能產生暫時的騙人之辭，而不可能產生
留諸後世的藝術、科學和哲學的典範。

　　腦力和體力分工出現後，出現了專門從事
精神生產的人，這些從事精神生產的人受到統
治階級思想的影響和控制，甚至還有專門的意
識形態階層來充當「衛道士」。在意識形態控
制下的精神生產，具有一定的獨立性，它們發
現的客觀真理和客觀規律，作爲生產力的一部
分爲後代繼承，它們創造的娛樂和審美的形式
成爲後代的精神財富，它們有時也表達出與統
治階級的思想不相容的要求和願望，這些進步
的要求和願望也會成爲文化遺產。在布洛赫看
來，馬克思、恩格斯的理論就是一種「前沿意
識」，他們洞察到資本主義生產方式中存在的
矛盾，感受到無產階級所代表的歷史前進方
向。恩格斯並不否義歷史遺留給「有充分餘暇

時間的」社會主義成員以「真正有價值」的文化、科學、藝術、交際方式等[24]，也即不否認有可供繼承的文化遺產存在。馬克思則認為，一定社會形態中的精神生產，能夠相對於統治階級的意識形態保持一定的獨立和自由，也就是說，占統治地位的意識形態對全部社會意識的控制不是絕對的，有某些精神產品具有超出意識形態的價值，馬克思強調說，只有歷史地、具體地考察「生產關係的一定的歷史結構」才能夠解釋這一現象[25]。不過，馬克思和恩格斯都沒有系統地論述文化產品能超出一定社會的意識形態、留傳後世的原因。

　　布洛赫的解釋是，這些文化產品之所以能打動後世人的心扉，是由於包含在它們之中的烏托邦願望並沒有過時。這些文化產品「超出」了特定時代上升、保守或沒落的意識形態，是由於它們表達的願望有未曾實現或不可實現的部分，這多出來的剩餘部分便構成了人類寶貴的精神財富和文化遺產。例如資產階級在上升期提出的「自由、平等、博愛」思想的

某些部分，就超出了資產階級本身的利益，因而能被無產階級加以利用。在此，布洛赫仿照馬克思的「剩餘價值」概念引入了「文化剩餘物」概念，他認為「文化剩餘物」的產生根源於意識形態中包含著的烏托邦功能。

　　布洛赫說，處於得勝期的意識形態，不具有反抗精神和面向未來的精神，不是透過面向新社會來「超越」現存，而是透過濃縮、裝飾、理想化、誇張來「超越」現存。這種超越，是對朝向未來的本真樣式的歪曲，例如：與統治階級合流、作為上層建築一部分的基督教教會把時間性的末世論期盼改造為空間化的天堂與地獄──即便是如此，布洛赫認為在天堂觀念中仍保留著某些歪曲了的人的願望與理想，認為假如沒有烏托邦功能，連這「虛假」的超越也不可能。

　　布洛赫借用了馬克思恩格斯社會意識學說的一些術語，如意識形態、階級、經濟基礎，但他的分析顯然不是馬克思所要求的具體的歷史分析，布洛赫的分析毋寧是從精神方面著眼

的，不過布洛赫並不承認自己和馬克思有根本的分歧，我認爲，布洛赫可能提出的最有力的辯護是；意識與存在的關係不是鏡像關係。布洛赫說，對鏡子式的反映論的一個最好反駁是，總得有不同於「存在」的某個東西在，對存在的反映才可能。就實際生活著的人來說，首先有「欲望」、「願望」，對外部世界的認識反倒次之。因此，意識與存在的關係，並不是一種純粹的認知關係，而首先是一種「需要一滿足」關係和「願望一滿足」關係。

社會意識形式首先應看成是「需要」（利益）和「願望」的表達，唯其如此，意識形態才可能下意識地歪曲現實，也就是說，事實明擺在那裡，人卻看不到，其原因就在於：「需要」和「願望」阻礙了「認知」。這個論點在一定程度上能支持布洛赫關於意識形態的烏托邦功能這一說法。按布洛赫的心理理論，只要是「願望」，就是對「現在」的一種超越，所謂烏托邦功能主要的含義就是對現在的超越，本真的烏托邦超越，是向未來的更好的事物或

世界的「非超越的超越」。所謂「非超越的超越」，是就它與傳統唯心主義的「超越」的不同點而言的，唯心主義的超越，也即超驗，是用意識的「偶像化」（reify，是指把意識的對像看成實存的存在者）形式代替真實的事物，用精神滿足代替真實的滿足。與之相反，「非超越的超越」不把某個願望（理想）實體化，而是向前追求這一理想的實現，而且不用「即時行樂」來代替「大願望」的滿足，因此這是一種對當下的「超越」，但又不是唯心主義的超越[26]。

　　在布洛赫看來，意識形態是一種唯心主義的超越、虛假的超越，例如：資本家的對慈善和社會福利的也許是真誠的關心，工廠主流行的「生產的產品越多就越能滿足他人需要」的「利他主義道德」，這些意識對「明天會更好」寄予了某種程度的關心，同時又是對剝削工人的實質的掩蓋。至於宗教關於天堂地獄，關於今生受苦來世享福的說教，就更明顯地是對要求世界變得更好的願望的一種虛幻的滿足罷

了。布洛赫想強調的是，儘管這些意識形態是
「虛假的」甚至是「虛僞的」，但是它們畢竟
仍是一種「超越」。統治階級的意識形態，其
最大功用是說服人們：現存的社會是永恆的，
雖然有種種不如意，但一天天會變得好起來，
你們不要喪失生活下去的信心，你們不要喪失
對政府和社會的信任。簡而言之，意識形態是
要讓人保持「希望」的，否則這個社會就維持
不下去了；事實上，在意識形態的沒落期，人
們普遍不再相信意識形態的宣傳，口裡說一套
冠冕堂皇的話，實際生活中遵循的卻是另一套
原則（如強肉弱食的生存原則），「國家生活」
和「市民生活」脫節了（馬克思），人心渙散
了，意識形態所維護的社會秩序即將崩潰了。
得勝期的意識形態使人們保持虛假的希望，沒
落期的意識形態不是不想這樣，而是做不到，
至於上升期的意識形態則更是善於鼓動人們的
希望了。也就是說，維護特定階級利益[27]的
意識形態，總是力圖喚起全社會人的希望，但
由於其本質上不可能爲天下人謀福利，因此這

種希望便是虛假的，人們只能得到某種虛幻的滿足。

　　占統治地位的雖然是壓迫階級的思想，但是即使在意識形態中也有烏托邦因素，這些烏托邦因素超越了特定的時代，也即包含於其中的願望尚未被滿足，這就是文化遺產之所以可能的原因之一。占統治地位的意識形態尚且有「超越」、有「希望」，非統治階級和被壓迫階級的願望表達就更是有超越、有希望，更是且備烏托邦屬性了。歷史總是不斷地推陳出新，這是由深層次的矛盾運動（生產力與生產關係）造成的，意識能夠感受到這種矛盾，將矛盾反映在各種各樣的社會意識形式裡，有的意識是保守的，有的則是向前看的，這種向前看的意識反映了歷史發展的方向，這就是「前沿意識」。

　　布洛赫對意識形態的分析，實際上是想揭示意識形態所具有的精神因素：願望性、超前性（向前看）。社會意識形式的精神因素是歷史唯物主義不太注意的，這使得歷史唯物主義

難以深入解釋文化遺產何以可能。布洛赫在這一點上倒是補充了馬克思主義的社會意識學說。

註 釋

[1]Ernst Bloch, *The Principle of Hope* (The MIT Press, 1986), p.1358.

[2] 在大陸，馬克思主義工作們總是試圖構建哲學體系，如馬克思主義哲學原理，馬克思主義倫理學，如馬克思主義人學——「人學」的研究對象是人，人的一切方面皆可研究，這樣一門學科有可能建立嗎?請讀者自己想想。

[3] 科學不等於真理，科學恰恰意味著有可能被證偽。說馬克思的學說是科學，這只是一個中性陳述。

[4]康德，〈答覆這個問題:「什麼是啓蒙運動?」〉，《歷史理性批判文集》，商務印書館，1996年，第22頁。

[5] 十八世紀啓蒙哲學的奠基原則是:用理性來反蒙昧、反宗教獨裁。

[6]馬克思，《〈黑格爾法哲學批判〉導言》，《馬克思、恩格斯選集》第1卷，第9頁。

[7]美夢醒來，人們往往會想，這要是真的該有多好啊!這恰恰意味著，他們已然在夢中體會到某種真實。

[8]Ernst Bloch, *The Principle of Hope* (The MIT Press, 1986), pp.180–195.

[9]Ernst Bloch, *The Principle of Hope* (The MIT Press, 1986), p.181.

[10]布洛赫認為齊克果對絕對完美的訴求以及他的禁欲
　　主義，可以遠溯至柏拉圖，柏拉圖將本體界、現象界
　　分為兩片，追求永恆的本體，拒斥變化的現象，追求
　　精神之愛欲勝過肉體之愛。布洛赫認為，齊克果對信
　　仰，對理想的猶疑，在他所處的革命時代是反動的，
　　代表了資產階級的一種反動的失敗主義（the reaction-
　　ary defeatism）。

[11]即 reification of the goal-dream, reification　即偶像化、
　　實體化。

[12]Ernst Bloch, *The Principle of Hope*（The MIT Press,
　　1986）, p.186.

[13]大陸1998年下半年上演的《一個無政府主義者的意
　　外死亡》中有句反覆出現的臺詞是：「情況太複雜
　　了，現實太殘酷了，理想都破滅了，我也不想活了！」

[14]Ernst Bloch, *The Principle of Hope*（The MIT Press,
　　1986）, p.188.

[15] 參見謝林，《自然哲學體系初稿引論》，1–3節。
　　轉引自《西方哲學原著選讀》下卷，商務印書館，
　　1987年。

[16] 參見謝林，《先驗唯心論體系》導論，1–2節。同
　　上。

[17] 從古希臘到近代，無數哲學家都明確持這一觀點。
　　但到了現代，哲學家一般在其理論中不這麼說。

[18] 見歌德的《浮士德》，浮士德與魔鬼打賭說，「假
　　使我對某一瞬間說：請停留一下，你真美呀！」就把

靈魂輸給魔鬼。——著者註。

[19]Ernst Bloch, *The Principle of Hope*（The MIT Press, 1986），p.16.

[20] 夢想與「真實的當下存在」，完全是兩個系列的事情，夢想的意義固然可以用它的落實情況來衡量，但在更多的時候，夢想的意義是不能用落實與否來衡量的。實際上，生活中存在著大量不求落實的夢想，這些夢想和其他精神活動（如藝術遊戲）一起構成了人們的精神生活。布洛赫顯然忽視了這一點。不過，布洛赫所說的「實現」並不僅僅是指按需分配之類物質層面的東西，靈魂或肉身的不死，也是他認為有可能會實現的東西。從這個角度來看，布洛赫並不像馬克思那麼「實際」、那麼「唯物」。

[21]「社會化的人，也就是，共同結合的生產者，將會按照合理的方式來調節他們和自然之間的物質變換，把它安置在他們的共同管理下，不讓自己受一種盲目力量的統治，並用能力的最小消耗，在最無愧於人、最適合於人性的條件下把它完成。但是不管怎樣，這個領域總是一個必然的領域。只有在這個領域的彼岸，以本身作為目的的人類能力的發展，真正的自由領域，方才開始。」（馬克思：《資本論》第3卷，人民出版社，1966年，第962–963頁。）

[22]Ernst Bloch, *The Principle of Hope*（The MIT Press, 1986），p.153.

[23] 占統治地位的意識形態為一定的生產方式以及建立

在生產方式上的全套權力運作機制做辯護，是保守
的，滯留於「過去」的，「在資產階級社會裡是過去
支配現在」(馬克思、恩格斯：《共產黨宣言》，《馬
克思、恩格斯選集》第 1 卷，第 266 頁)。

[24]恩格斯，《論住宅問題》(1872年5月－1873年1月）,
《馬克思、恩格斯選集》第 2 卷，第 479 頁。

[25] 馬克思，《剩餘價值理論》，1861 年 8 月－1863 年
7 月，《馬克思、恩格斯全集》，第 26 卷 I ，第 296
頁。馬克思甚至認為，自由的精神生產是與整個資本
主義生產方式相敵對的。馬克思一般是從藝術中體現
的人的自由和藝術的審美價值來評價藝術遺產。

[26] 布洛赫對「唯心主義的超越」的批判，與馬庫色對
「肯定文化」的批判有異曲同工之處。

[27]但在現實社會中，往往不是維護階級利益，而是維
護某些社會集團的利益，如維護官僚們的利益。

第四章
布洛赫對基
督教的革命化理解

　　所謂革命高潮快要到來的「快要」二
字作何解釋，這點是許多同志的共同問
題。馬克思主義不是算命先生，未來的發
展和變化，只應該也只能說出個大的方
向，不應該也不可能機械地規定時日。但
我所說的中國革命高潮快要到來，絕不是
如有些人所謂「有到來之可能」那樣完全
沒有行動意義的、可望不可即的一種空的
東西。它是站在海岸遙望海中已經看得見
桅杆尖頭了的一隻航船，它是立於高山之
巔遠看東方已見光芒四射噴薄欲出的一輪
朝日，它是躁動於母腹中的快要成熟了的

一個嬰兒。

〔毛澤東，《星星之火，可以燎原》（1930年1月5日），《毛澤東選集》第1卷，人民出版社1991年，第106頁。〕

　　兄弟們，論到時候日期，不用寫信給你們。因為你們自己明明曉得，主的日子來到，好像夜間的賊一樣。人正說平安穩妥的時候，災難忽然降臨到他們，如同產難臨到懷胎的婦人一樣……所以我們不要睡覺，像別人一樣，總要警醒謹守。

〔保羅，《新約全書・貼撒羅尼迦前書》，第5章第1–6節。〕

　　在某些特殊情況下，我們靈魂的觸角可以伸到身體範圍之外，使我們能有一種預感，可以預見到最近的未來。

〔歌德，《歌德談話錄》（1823–1932年），愛克曼輯錄，朱光潛譯，人民文學出版社，1991年。第158頁。〕

　　對基督教的分析在布洛赫一生的理論活動
中占據著重要的位置。關於基督教的討論在
《希望的原理》中共出現了兩次，在整個三卷
本中占有突出的地位。基督教末世論作為烏托
邦意識的表現形態之一，具有最典型的 「懸
而未決、朝向未來的結構」，因此，對末世論
的分析，最能體現布洛赫烏托邦理論的風貌。

　　劉小楓先生曾指出，在所有新馬克思主義
哲學家中，布洛赫的宗教傾向最為明朗，以致
哈伯瑪斯稱他為「馬克思主義的謝林」。布洛
赫認為，費爾巴哈所開啟的無神論的人本主義
是基督教的最後發展階段，基督教的文化遺
產，很多都是馬克思主義值得保留的。布洛赫
論基督教，是布洛赫的烏托邦理論中最易引起
人們爭議的部分，不僅受到馬克思主義者的指
責，也受到基督教學界的批評。

　　第二次世界大戰以後，德國神學家莫爾特
曼利用布洛赫的某些思想，建構起獨樹一幟的
「希望神學」，對68年學生運動、拉美解放神
學以及基督教與馬克思主義的對話造成了一定

的影響。莫爾特曼思想的影響力實際上來自於
布洛赫的學說，布洛赫對基督教末世論的看法
是非常獨特的，因此在此有介紹的必要。

　　一般人可能會認爲布洛赫對基督教的肯定
是對馬克思主義的反動，但實際上並不像他們
認爲的那樣。布洛赫對基督教的革命化理解，
實際上和恩格斯有相當大的疊合之處。

　　恩格斯的《布魯諾・鮑威爾和早期基督
教》（1882年4月）論證了基督教發展爲世界
性宗教的必然性，《論早期基督教的歷史》
（1894年6月－7月）對早期基督教的本來面目
進行了詳細的考證，肯定了早期基督教的革命
性質，並比較了早期基督教歷史與現代工人運
動的異同點：

　　　　在早期基督教歷史裡，有些值得注意
　　的與現代工人運動相似之點。基督教和後
　　者一樣，在其產生時也是被壓迫者的運
　　動：它最初是奴隸和被釋放的奴隸、窮人
　　和無權者、被羅馬征服或驅散的人們的宗

教。基督教和工人的社會主義都宣傳將來
會解脫奴役和貧困；基督教在死後的彼岸
生活中，在天國中尋求這種解脫，而社會
主義則在這個世界裡，在社會改造中尋求
這種解脫。基督教和工人的社會主義都遭
受過迫害和排擠，它們的信從者被放逐，
被待之以非常法：一種人被當做人類的敵
人，另一種人被當成國家、宗教、家庭、
社會秩序的敵人。可是不管這一切迫害，
甚至時常還直接由於這些迫害，基督教和
社會主義都勝利地、勢不可擋地給自己開
闢前進的道路。基督教在它產生三百年以
後成了羅馬帝國的公認的國教，而社會主
義則在六十來年中爭得了一個可以絕對保
證它取得勝利的地位。所以，如果說安東
‧門格爾教授先生在其所著《十足勞動收
入權》一書中表示驚異：為什麼在羅馬皇
帝時代土地占有大集中的情況下，在幾乎
純粹由奴隸構成的當時的工人階級受著無
限痛苦的情況下，「社會主義竟沒有隨著

西羅馬帝國的滅亡而出現」，那是他恰恰沒有注意到：這個「社會主義」在它當時可能的程度上，確實是存在過的，甚至還取得了統治地位，——其形式就是基督教。只是這種基督教——由於歷史的先決條件，也不可能是別個樣子——希望在彼岸世界，在天國，在死後的永生裡，在據說不久必將到來的「千禧王國」裡實現社會改造，而不是在這個世界裡。這兩個歷史現象的類似，早在中世紀，在被壓迫農民，特別是城市平民的最初起義中就突出地表現出來了。這些起義同中世紀的所有群眾運動一樣，總是披著宗教的外衣，採取為復興日益蛻化的早期基督教而鬥爭的形式；但在宗教狂熱背後，每次都隱藏有實實在在的現世利益。這在光榮不朽的揚·瑞日卡所領導的捷克塔博爾派的組織中表現得最清楚；但是這種特徵貫串於整個中世紀，在德國農民戰爭之後才逐漸消失，到 1830 年後又是魏特林及其追隨

者，在阨內斯特‧勒南說「如果你想要知道最早的基督教會是什麼樣子，那就請你看看國際工人協會的某一個地方支部」這句話之前很久，就求助於基督教了。……當時的還不具有自我意識的基督教，同後來在尼西亞宗教會議上用教條固定下來的那種世界宗教，是有天淵之別的；二者如此不同，以致從後者很難認出前者。它既沒有後世基督教的教義，也沒有後世基督教的倫理，但是卻有正在進行一場對全世界的鬥爭以及這一鬥爭必將勝利的感覺，有鬥爭的歡悅和勝利的信心，這種歡悅和信心在現代基督徒身上已經完全喪失，在我們這個時代裡，它們只存在於社會的另一極──社會主義方面。事實上，對起初極其強大的世界做鬥爭，同時又在革新者自己之間做鬥爭，這既是最早的基督徒的特點，也是社會主義者的特點。這兩個偉大的運動都不是由領袖和先知們創造出來的（雖然兩者都擁有相當多

的先知），兩者都是群眾運動。而群眾運
動在起初的時候必然是混亂的；其所以混
亂，是由於群眾的任何思想開始都是矛盾
的，不明確的，無聯繫的……[1]

　　對於篡改爲統治階級意識形態的基督教，
馬克思和恩格斯與 18 世紀啓蒙學者一樣，是
大加鞭撻的。馬克思在〈「萊茵觀察家」的共
產主義〉（1847 年 9 月）一文中對一千八百年
的基督教會的「社會原則」有過精闢的論述，
「基督教的社會原則曾爲古代奴隸制進行過辯
護，也曾把中世紀的農奴制吹得天花亂墜，必
要的時候，雖然裝出幾分憐憫的表情，也還可
以爲無產階級遭受的壓迫進行辯解。基督教的
社會原則宣揚階級（統治階級和被壓迫階級）
存在的必要性，它們對被壓迫階級隻有一個虔
誠的願望，希望他們能得到統治階級的恩典。
基督教的社會原則把國教顧問答應對一切已使
人受害的弊端的補償搬到天上，從而爲這些弊
端的繼續在地上存在進行辯護……」[2]布洛赫

引用過馬克思的這段話，並承認，作為意識形態的基督教，是為統治階級的利益服務的，是與世俗權力的合謀。馬克思和恩格斯實際上並不贊同啓蒙學者「宗教欺騙說」的簡單化分析；恩格斯認為，宗教在起源時不見得是有意的欺騙，「但在以後的發展中，很快地免不了有僧侶的欺詐」[3]。也就是說，早期基督教起先是被壓迫群眾的意識，只有到它與統治階級合流時，它才作為意識形態歪曲事實，欺騙受苦的人。布洛赫對此完全贊同。

　　不過，恩格斯對打著基督教旗號的群眾運動的看法，與布洛赫有所不同。恩格斯對閔采爾的評價很高，但認為閔采爾所援引和恢復的早期基督教思想，只是現實的革命運動的旗號與外衣，恩格斯說，在中世紀，由於意識形態為宗教所統攝，當時的反抗運動必然要採取宗教的形式，也即以宗教異端的形式表現出來，此外，「對於完全受宗教影響的群眾情感說來，要掀起巨大的風暴，就必須讓群眾的切身利益披上宗教的外衣」[4]。而隨著革命運動的

深化，宗教「外衣」就變得不重要了，鬥爭深化以後，「閔采爾的理想越來越明朗化，也越來越果敢，於是他就堅決地和市民階級宗教改革分道揚鑣，從此之後他就同時是直接以政治鼓動家的姿態出現了。」[5]

但是，這並不是說閔采爾可以拋棄「外衣」，以全然是無神論和共產主義的口吻來進行宣傳鼓動，閔采爾「所代表的階級才剛在形成中，……他所幻想的社會變革，在當時的物質條件中過於缺乏基礎」，而群眾又是如此愚昧和頭腦簡單，這使他陷入了「狂熱」之中，「只用舊約預言者吐露宗教狂熱和民族狂熱的那種猛烈的語調來說話了」[6]。早期基督教原則，在中世紀至近代的革命運動中，曾經發揮過十分激進的催化和鼓動作用，這是值得肯定的，但是，如果在現代工人運動還打著這一基督教的旗號，就顯得不合時宜、甚至反動了。馬克思在《反克利蓋的通告》中，尖銳地批評克利蓋「建立充滿愛的人間天國」的宣傳渙散了工人階級的鬥志。恩格斯也認為在現代工人

階級運動中傳布福音是不恰當的。對馬克思、
恩格斯來說，反對工人運動中的基督教傾向，
除了基於現實的考慮，還在於：隨著大工業生
產的深化，工人階級會逐步走向成熟，不再需
要前資本主義的迷信和幻想，惟有歷史唯物主
義的世界觀是適合於「無產階級的生活條件
和鬥爭條件的世界觀；和工人無財產相適應的
只能是他們頭腦中無幻想」[7]。布洛赫主要在
這一點上與馬克思、恩格斯有分歧。

第一節　渴望奇蹟

　　布洛赫對基督教的評價，建立在區分早期
基督教和基督教意識形態的基礎上。這一區
分，如前所述，恩格斯已很好地說明過了。布
洛赫對早期基督教的主要看法是：
　　首先，布洛赫承認，關於耶穌基督的神奇
傳說，確實是當時的歷史造就的。
　　其次，布洛赫根據他對福音書的分析，證

明耶穌確有其人。

　　再次，布洛赫論證了耶穌佈道的核心是：天國近了，你們當悔改。也就是說，耶穌傳布的是一個相當激進的消息，這個消息告訴人們，上帝就要來審判世人，將用超自然的大力擊毀舊世界，建立人間的新樂園。恩格斯在《論早期基督教的歷史》中，也認爲早期基督教信抑的主要內容是「臨近基督再臨和快要到來的千禧王國」[8]，這與布洛赫的看法基本上是一致的。

　　但是，關於耶穌佈道的含義，歷來還有另一類型的解釋。如趙敦華先生在《基督教哲學1500年》一書中概括的觀點，即屬於這一解釋類型：「耶穌的意思無非是教導人們輕視乃至拋棄現世生活的外在價值，轉而追求倫理化宗教的內在價值，實現人生觀的轉變。」[9]這一解釋符合現代人的理性，因爲相信超自然力量的末世論的確是一種一廂情願的主觀臆想，這種迷信是有理性的、持無神論立場的人無論如何不能接受的。現代神學家大多很注意對新

約的「解神話」工作，他們一般來說更願意從生存論或精神境界方面來解釋新約。

對耶穌佈道的內在化（和倫理化）的解釋，的確有一定依據，因為耶穌確實沒有發動革命起義的意圖，耶穌的佈道中充滿著毋以惡抗惡的愛的精神。布洛赫並不否認這一點，他認為耶穌確實使那那些期待強有力軍事首領的猶太人大失所望，但他認為，耶穌之所以不主張暴力革命，是由於耶穌過於相信上帝超自然的力量。布洛赫說，耶穌不煽動軍事對抗，並不意味著他所承諾的天國是內在性的或遠在雲端的，恰好相反，由於耶穌相信末世審判的威力，他對理想社會的追求便不是訴諸直接革命而是訴諸「等待」。布洛赫一再論證說，耶穌所追求的王國不在天上而在人間（儘管實現目標的手段帶有濃厚的迷信色彩），對天國的內在化和精神化的解釋是在耶穌死後才開始的。

布洛赫激進地認為，從保羅開始的對天國的內在化解釋，是與統治階級利益一致的，這

種內在化解釋歪曲了耶穌傳道的原來含義。布
洛赫認為，對耶穌來說，末世論比道德宣告更
重要。布洛赫之所以對耶穌的訓誡做末世論解
釋，是想肯定早期基督教的革命的、烏托邦的
性質。

　　布洛赫並不否認末世論上附著的迷信和神
話思維方式的過時，但他認為，早期基督教的
末世論期盼恰好與烏托邦期盼的經典結構相一
致，這個經典結構是：

1. 有一個較遠的目標（不是可以當下滿
   足的欲望，而是當下缺乏條件滿足的大
   願望）。
2. 這個目標是歷史性的，處於時間上的
   前方，而不在與此世並列的另一空間中
   （「天堂」），更不在時間上的過去（「黃
   金時代」）。
3. 這個目標表達了深層次的普遍願望。
4. 作為目標的理想世界與現存的世界全
   然不同，是徹底「新」的，難以具體

描述。

5. 不知道這個願望實現的具體時日，但
　渴望和迫切等待這一　「飛躍」時刻的
　到來。

　　基督教末世論的這一期盼結構，與前述
「等待果實成熟」的「懸而未決」的期盼是一
致的。果實會成熟嗎？沒人知道。有蟲咬，有
風霜，有意外。果實在哪一刻成熟？無法預
測。果實尚且如此，上帝之國的來臨，就更具
莫測性了，「像夜賊一樣」，令人防不勝防。

　　布洛赫特別強調末世期盼的「懸而未決」
性。但「懸而未決」實際上是以未來的不可
知、不可控制為基礎的。對此，恩格斯有段話
說得特別好：「猶豫不決是以不知為基礎的，
它看起來好像是在許多不同的和相互矛盾的可
能的決定中任意進行選擇，但恰好由此證明它
的不自由，證明它被正好應該由它支配的對象
所支配」，而真正的自由「不在於擺脫自然規
律而獨立，而在於認識這些規律，從而能有計

劃地使自然規律爲一定的目的服務」[10]。從這個角度來看，末世期盼，正是「幻想擺脫自然規律」，指望有超自然的力量來改變歷史的進程，末世期盼的「懸而未決」恰好是一種「不自由」。

但布洛赫更看重的是末世期盼的精神品質。布洛赫認爲，對「天國近了」的期盼，實質上是對「奇蹟」的期盼、對飛躍的期盼。

布洛赫將奇蹟分爲兩類，一類是「古老的、一直和巫術有不解之緣的奇蹟」，例如神話般的萬靈藥，另一類是「徹底新的、末世論的奇蹟」[11]。這兩類奇蹟不同在於，相信巫術是一種切近的願望滿足，而末世論奇蹟則遙遠不可測。末世期盼寄希望於超自然力量突然打碎一切、創造出新天地，按布洛赫的說法，這是對「無中生有」的期盼，所謂「無中生有」，就是徹底的「新」，就是與舊世界徹底決裂，是飛躍，是質變。

布洛赫並不認爲對奇蹟的期盼就一定是可取的，他承認對擬人化上帝的來臨的末世期盼

是一種迷信，但他認爲：「孕含在宗教中的希望信仰（the faith of hope）恰好是非迷信（superstition）的」[12]。處於早期基督教激進夢想的核心的「希望」，是對「新」、對更美好未來的希望。布洛赫認爲，這種「希望」包含於每一個生存瞬間的未知性（the incognito of every lived moment）之中。這一本質性的希望，當它表現於「機械經驗主義」〔即前文中說的資產階級的知性思維〕和「抽象的烏托邦」〔如耶穌的上帝之國，莫爾的烏托邦〕中時，是迷信，但是當它表現於「具體的烏托邦當其處於辯證運動過程中的開放世界」中時，就不是迷信。布洛赫的意思是，期盼奇蹟的心態亦可適用於那些崇高的人類理想——如無產階級所渴望的沒有剝削、沒有壓迫，擺脫了勞役與病痛之糾纏的共產主義社會。這一社會是全新的、從來未曾有過的，期盼這一社會，即是對「新」的希望。

在人類改造自然與社會的過程中，總會有某種未知領域出現於地平線（「前沿」）上，總

會有某些未變爲現實的潛存事物朦朧不爲人
知，對奇蹟的期盼，使人們勇於探索和追求新
鮮事物，這是浮士德的精神，也是孜孜不倦的
科學家所具有的探索精神。

第二節　「上帝爲何成人？」

　　按劉小楓先生的解釋，上帝成人是出於對
人類苦難的絕對關懷——上帝自願到十字架上
受苦、受屈，將他博大的愛撒向塵世間每一滴
痛苦的淚水。

　　布洛赫完全是從另一個角度來解釋「上
帝爲何成人」的。在他看來，上帝成人，就
是費爾巴哈所謂從異化了的人類本質向人自身
的復歸。布洛赫認爲，在基督教之中，上帝已
具有相當多的人性，費爾巴哈開啓了基督教發
展的最後階段，也即無神論階段。

　　關於費爾巴哈用「愛」的人本主義建立新
宗教這一點，是馬克思、恩格斯明確反對的，

布洛赫卻對此持肯定態度。布洛赫認為，作為
反動的意識形態的教會基督教，早在伏爾泰和
狄德羅那裡就被打倒，100年後費爾巴哈如果
僅僅是做基督教的掘墓人，那再容易也不過
了。把宗教視為「恐懼」、「迷信」和「欺騙」
的產物的18世紀啓蒙理性，在布洛赫看來是
很狹隘的，這一理性沒有注意到基督教中蘊涵
的「文化遺產」。布洛赫說，費爾巴哈在批判
基督教時不知不覺為其中蘊涵的文化遺產所吸
引。費爾巴哈指出，關於上帝是否存在的問題
僅僅屬於17、18世紀，他之所以否定上帝，
是為了將異化了的人的本質歸還給人，於是
「上帝是否存在」的問題在費爾巴哈那裡變成
「人是否存在」的問題。費爾巴哈已經指出，
上帝是人的願望的產物，但是當人在這虛構的
對象中討生活時，人的生活便枯萎了，因此必
須否定上帝，將人的本質歸還給人。布洛赫對
費爾巴哈的發展是，將抽象的「人的本質」改
寫為「人的理想」，這樣，費爾巴哈關於上帝
是人的本質的異化的說法就變成了：基督徒將

他所期望的一切美好事物都放到上帝中去，上帝實質上是人的理想的體現，而物化爲實體的上帝（即擬人神體，hypostases）卻使人的理想「現成化」了，原本是人所願望的處於時間前方的東西，現在變成了與人間並列的另一個空間（雲端的天國）中的東西，從而阻礙人向前追求他的理想並獲得真實的滿足。

對布洛赫來說，人的本質是在形成之中的，人是一個開放的 X，從這個看度來看，費爾巴哈的局限性在於，他把人理解爲「已在」而非「尚未」。馬克思在《關於費爾巴哈的提綱》中也把人的本質理解爲可變的，「人的本質並不是單個人所固有的抽象物，在其現實性上，它是一切社會關係〔條件〕的總和」，每一時代的社會關係、生活條件是不同的，因此人的本質也就不同。但在這裡，馬克思更多強調的是人的社會性、現實性，強調人被一定時代的生產方式所決定，布洛赫強調的卻是人的潛在可能性。在布洛赫看來，人與自然都具有一種潛在的可能，即變得更完美的可

能。因此，基督教教會把上帝空間化、實體化，是對人朝向完美發展的一種精神障礙。

從烏托邦理論的角度來看，批判基督教並非一棍子將它打死，而是要注意吸收其中的文化遺產。這種遺產是什麼呢？第一，「任何對宗教的人類學批判都沒有取消作為基督教支架的希望，而只是滌除迷信」[13]。布洛赫認為，在空間化的上帝被啟蒙運動打倒後，作為基督教支架的希望仍將作為一種寶貴的遺產保留在無神論中；第二，基督教上帝比其它宗教崇拜的神更具人性。

在布洛赫看來，由低級宗教到高級宗教的發展，是一個人性不斷注入「神」的過程。在自然宗教那裡，神的形像是獸或其它非人類的生物；在舊約中，上帝是一位叱吒風雲、霸道暴虐的民族保護神，不過，凡人雖不能見上帝的面，也不許直接呼叫上帝的名，但後來上帝透過摩西與人締約，許諾流奶與蜜之地，摩西的上帝也即帶領猶太人出埃及的上帝，這個上帝寄托了人的烏托邦願望；在基督教那裡，上

帝在世人面前的形象是釘在十字架上的耶穌。由此可以看出，神的形象與人的形象越來越接近，上帝越來越有人氣（上帝成人）。布洛赫認為，基督教的「上帝」實則包含了對尚未顯現的人性的烏托邦預期，這一上帝離成人已經不遠了，因此費爾巴哈的人本學轉折勢所當然。基督教的烏托邦內涵和人性內涵是非宗教的，布洛赫將這一文化遺產稱之為「後宗教的」（meta-religious），它應當被無神論繼承。

　　布洛赫從以上兩點肯定了基督教。從基督教到費爾巴哈（布洛赫）式的無神論，有一個發展脈絡可尋：無神論掃除了一切實體性的鬼神，使人們的希望從天國、來世轉向未來，使世界具有開放性而非等級壓抑[14]。一方面，布洛赫將基督教的封建教條一概拋棄，他既拒絕君臨萬物的有超自然力量的上帝，又拒絕這一上帝在塵世間的縮影：壓迫者、主子、帝王。另一方面，布洛赫認為，摩西的上帝和耶穌的上帝，和參與人世間權力分配的上帝是不一樣的，摩西的上帝和耶穌的上帝不是人間壓迫的

代言人，而是期望的對象，是「充滿希望的
意象」，這樣一種上帝表達了受壓迫群體的意
願。布洛赫甚至認為，即便是被封建統治階級
徹底改裝過的基督教，也包含著無法全然抹消
的希望因素和人性因素。

　布洛赫對「人帝為何成人」這個問題的解
答富於個人特色，在布洛赫看來，從基督教到
費爾巴哈的人本主義無神論、直至馬克思的共
產主義學說，有一個脈絡可尋，這樣一來，容
易給人造成一個印象：馬克思主義繼承了基督
教的「遺產」。這使布洛赫受到了正統的馬克
思主義者們嚴厲的批評。

　綜上所述，布洛赫從「希望」與「人性」
這兩個方面說明了基督教作為文化遺產的意
義。布洛赫對基督教所做的革命化理解，直接
影響到現代德國神學家莫爾特曼，莫爾特曼要
求對教會做出改革，使教會關心人間疾苦和人
類解放，這反映了馬克思主義對當代基督教的
某些影響，但莫爾特曼的立場始終是基督教
的。馬克思和恩格斯早就批判過基督教社會主

義，他們認為，在無產階級走向成熟的時代，一切前工業時期的神話、迷信和空想都已過時。上帝本不存在，從末世的上帝那裡獲取革命的動力，有什麼意義呢？莫爾特曼提倡的教會改革只是基督教內部的改良，他的社會革命主張能否被正統基督教接受也是一個問題。

　　布洛赫的無神論（泛神論？）的人本主義立場，既不被馬克思主義接受，也不被基督教接受，甚至希望神學家莫爾特曼也不會接受布洛赫的無神論立場。布洛赫與莫爾特曼的分岐是根本性的，假如莫爾特曼放棄了「上帝的存在」，他也就不必寫什麼《希望神學》，不必打著改革基督教的旗號了。我認為，「上帝是否存在」並不像布洛赫所說的那樣是一個過時的問題，布洛赫與莫爾特曼的根本分歧其實就在這個問題上。

註　釋

[1] 恩格斯，《論早期基督教的歷史》，《馬克思、恩格斯全集》第 22 卷，人民出版社，1972 年，第 525 頁－ 487 頁。

[2] 馬克思，《「萊茵觀察家」的共產主義》，《馬克思、恩格斯全集》第 4 卷，第 218 頁。

[3] 恩格斯，《布魯諾·鮑威爾和早期基督教》，《馬克思、恩格斯全集》第 19 卷，第 327 頁。

[4] 恩格斯，《路德維希·費爾巴哈和德國古典哲學的終結》，《馬克思、恩格斯選集》，第 4 卷，第 251 頁。

[5] 恩格斯，《德國農民戰爭》，1850 年，《馬克思、恩格斯全集》第 7 卷，第 412 頁。

[6] 恩格斯，《德國農民戰爭》，1850 年，《馬克思、恩格斯全集》第 7 卷，第 470 頁。

[7] 恩格斯，《法學家的社會主義》，1886 年 11 月 –12 月初，《馬克思、恩格斯全集》，第 21 卷，第 548 頁。

[8] 恩格斯，《論早斯基督教的歷史》，《馬克思、恩格斯全集》，第 22 卷，第 550 頁。

[9] 趙敦華，《基督教哲學1500年》，人民出版社，1994 年，第 55 頁。

[10] 恩格斯，《反杜林論》，《馬克思、恩格斯選集》，

第 3 卷，第 153-154 頁。

[11]Ernst Bloch, *The Principle of Hope* (The MIT Press, 1986), p.1305.

[12]Ernst Bloch, *The Principle of Hope* (The MIT Press, 1986), p.1309.

[13]Ernst Bloch, *The Principle of Hope* (The MIT Press, 1986), p.1289.

[14]Ernst Bloch, *The Principle of Hope* (The MIT Press, 1986), p.1293.

第五章
烏托邦的棲息地
（Topos for Utopia）

　　和那些重要的事情比起來，令人激動的事
情往往就顯得不那麼重要了。但是反過來說，
令人激動的事情往往又自有它重要的地方。無
論如何，六十年代的學生運動仍然是一個令人
激動不已的事情。而作為一個批判理論家，赫
伯特・馬庫色（1898-1979）的文化聲譽也主
要就來自於他對本世紀六十年代的學生運動的
作用，雖然也許我們不能說，「來自他在學生
運動中的位置」。

　　對於馬庫色來說，雖然六十年代的學生運
動是受到了他和社會研究所的其它人的思想的
影響，但是，他認為學生運動並不真的是一場

革命，並且，他還認爲（或者希望）學生們自己也不把他們的活動看成是一場革命[1]。雖然如此，在一種感同身受，而不僅僅只是憐憫的意義上，馬庫色同情學生運動，或者說，和學生運動有一種同情的關係。實際上，正是馬庫色和社會研究所中的其它同事一道對發達資本主義社會所構成的生存處境的分析，促動了六十年代的學生運動和新左派運動，同時，也引導著他們的方向。在 1969 年 4 月一封寫給阿多諾的信中馬庫色說：

> ……我們知道（而且他們知道）現在的處境不是革命性的，甚至不是前-革命的。但是這種處境是如此的可怕，如此的令人窒息和感到屈辱，以至於那種對抗這種處境的反叛逼迫你進入一種生物學的、生理學的反應之中：你沒法再忍受它，你感到窒息而且你不得不去尋找空氣。而且，這種新鮮空氣不是什麼「左翼法西斯主義」（contradictio in adjecto!），它是那

　　種我們（至少我）有一天同樣也要呼吸的
　　空氣，而且肯定不是那種屬於權力機構的
　　空氣……[2]。

可以說，對資本—工業社會所構成的生存
處境的分析構成了馬庫色一生的理論研究的主
軸；另一條主軸就是從這種生存處境中解放出
來的可能性和方法。

可以理解，馬庫色的分析絕不是「中立
的」或者「冷漠的」。相反，就在這種分析中
包含著馬庫色的控訴 [3]，而這種控訴又恰恰
是從他對未來的憧憬、從烏托邦出發的。所
以，對於我們來說，首要的任務就是在馬庫色
的各種分析中清理出他的批判內容和憧憬性的
內容。但是，在下面會看到，對於馬庫色來
說，批判和憧憬並不處於同一層次上。相反，
情況似乎是，批判是在生存論 [4] 的層次上做
出的，而憧憬則停留在關於生存方式的憧憬
上。不過，更爲精確的說法是，對生存方式的
憧憬，作爲對未來的憧憬或者說籌劃，把一種

特定的生存論作爲一種生存方式包含在自己之內，成爲自己的一部分或者一個環節。這樣一來，憧憬就是在兩個層次上——生存和生存論上——同時作出。而爲了達到這一點，批判也是在兩個層次上作出的。同時，在另一方面，這種被包括在生存方式內部的生存論又以批判的方式對所有的憧憬產生維護作用：這其中當然包括進行實踐的可能性。

與這種複雜的雙層結構相適應，我們的分析也得在兩個層次上同時進行。而且我們的任務還包括嘗試著回答這樣一個問題：爲什麼這種雙層結構會有這樣的形態，換言之，一個把另一個包含在內？對這個問題的回答將把我們引向對馬庫色的特殊烏托邦理論的特殊性的理解。這就是說，不僅是指出這種特殊性之所在，而且要指出它具有這種特殊性的原因。爲了回答後面這個問題，我覺得以馬庫色的思想發展爲材料可能會更容易把問題說明白[5]。但是，在所有具體的討論之前，我還想說明的最後一件事情是，儘管我的討論可能會顯得十

分佶屈聱牙，枝節蔓生，但是緊緊困擾我的一直卻是這樣兩個簡單而直接的問題：

　　一種烏托邦能夠以什麼形態存在？它又如何能夠不僅僅停留在幻想（空想）之中？

第一節　「前史」

　　1922 年馬庫色以《關於藝術家的德國小說》作爲博士論文在弗萊堡大學獲得了博士學位。在這篇論文中，馬庫色關心的是藝術家與德國的生活總體之間的分離。對於當時的馬庫色來說，藝術家是對觀念及其實踐進行形而上學追尋的人。而在德國文學中所表現出來的藝術家的生活與一般生活之間的意識形態上的衝突正好反映了這樣一個時代：在這個時代中藝術和生活的整體性分崩離析了。按照馬庫色的觀察，在各種偉大的歐洲文學傳統中，只有俄羅斯的文學沒有把藝術家的生活看成是一種和一般生活具有矛盾的生活形態。而在這種文

化中，「生活形式的統一性實際地存在著：
那種在藝術家和人民之間的深刻的統一性。
在那裡，藝術家是一位受難的手足，一個人
民的安慰者，先知和一個喚醒人民的人。」[6]

　　實際上，這種分離與衝突當然不僅是藝術
家的生活和一般群眾的生活的分離與衝突；更
深的衝突是那種承載在藝術家的身體和生活之
上的藝術與精神，「理念及其實現」和生活總
體的分離與衝突。也就是說，烏托邦與現實生
活的分離與衝突。在資本主義社會中，這種烏
托邦和現存生活的分離被看作是一個存在者領
域（幻想）和另一個存在者領域（現實）的分
離與衝突：只不過是透過藝術家表現在生活之
中而已。在後來的理論研究中，馬庫色總是從
這種基本觀察出發，從對這種分離與衝突的樸
素實感出發，認爲這種分離和衝突構成了一種
生活的基本處境，然後試圖指出造成這種分離
與衝突的社會機制以及擺脫這種社會機制，扭
轉其運行方式的途徑。可以說，這種分離一方
面成爲後來所認識到的更根本的生存困境的一

個證據或者跡象，但是，這種分離本身同時也成爲不滿所針對的對象的一部分。

　　正是在這裡，前面提到過的那種雙層結構初露端倪。因爲，實際上，這種分離涉及到歷史之中人的自覺意識，所以，對這種分離的不滿不僅是歸屬於對整個處境的不滿，而且這種不滿還自己維護、保持著自己，從而保持著批判的動力。不過，應該指出，儘管在資本主義初期，分離和衝突一直是並存的，但是在後期資本主義社會中，就只有分離而沒有衝突。根據馬庫色的分析，這是透過一種新的管理技術，即壓抑性反昇華（oppressive de-sublimation）而被實現的。透過這種管理技術，文化成爲一種對所受到的壓抑的「補償」。因此，文化成爲整個生活的一個部分，成爲和日常生活具有互補關係的部分。而且，正是因爲文化是日常生活的「另類」（alternative），它才能成功的成爲後者的互補者：越是另類，越能成功[7]。所以，儘管衝突消失了，但分離卻被加深和鞏固了。

　　在獲得了博士學位之後，依靠父親爲他提供的一處住房和一份在圖書出版和古董書業務上的股份，他在柏林組織了一個左翼的文學沙龍。在這個沙龍裡他和他的朋友一起研讀了海德格在1927年出版的《存有與時間》。並且從中看到了彌補當時流行的馬克思主義所缺乏的那種關於具體的人的生存層面的理論可能性。因此，馬庫色在1928年回到了弗萊堡大學並成爲海德格的助手。不過，就在此時，馬庫色和海德格的思想就已經出現了分歧。這主要是政治傾向上的區別。但是在整個哲學取向上也有根本的差異。

　　1932年馬庫色出版了他的教職論文《黑格爾的本體論和歷史理論的基礎》[8]。這本書的基本目的是解釋黑格爾的「歷史性」這個概念的本體論性質。按照阿多諾的評價，這本書已經從海德格的「『存有的意義』走向一個『在世存有』的開放性，從基本本體論走向歷史哲學」[9]。讓我們來稍微解釋一下這句話。

　　按照海德格的看法，人作爲存有者的存有

方式是「在世存有」。至於這種存有方式的開
放性則是說，在這種存有方式中，人對自己的
存有和一般存有都有所領會。而「有所領會」
的意思是，對存有的意義有所領會。注意，
「存有」或者「存有的意義」和「存有方式」不
是同一個概念。舉一個片面[10]的例子，「跑步
的方式」顯然是不同於「跑步的意義」。所
以，按照海德格的看法，如果要追問存有的意
義，就要從人這種存有者的存在入手。而人的
存在方式則是對人的存有的研究的一部分。但
是，人的存在方式本身卻不是海德格研究工作
的最終的目的地：最終的目的地是人的存有以
及一般存有的意義。阿多諾的話的意思就是
說，馬庫色放棄了海德格的這種工作綱領，把
注意力放在了人的存在方式上。不過，注意仍
然放在人的存在方式對存有的開放性上。這就
是說，存有仍然沒有從馬庫色的視野中消失。
只不過不再成為中心而已。這就是阿多諾後一
句說「從『基本本體論』走向歷史哲學」的意
思。因為，現在對於馬庫色來說，對存有的意

義的領會現在是作為人的存在方式之具有歷史
性的原因而出現在他的視野中的：正是因為人
對他的存有以及一般存有有所領會，他才具有
歷史性；對存有的理解性活動是人成為歷史性
的人的根據[11]。

　　這樣，馬庫色就偏離了「海德格正統」。
而這正是當時還在法蘭克福的社會研究所贊同
的那種偏離。所以，當馬庫色發現沒有希望在
弗萊堡獲得一個教職之後，就在1933年參加
了當時還在法蘭克福的社會研究所 [12]。不
過，很快就被派往研究所在日內瓦的辦事處
了。

　　儘管如此，偏離畢竟不是拋棄。不滿也不
是他對海德格的唯一感覺。實際上，從這種贊
同與不滿的同處一身中，我們還能看到馬庫色
思想中的一個要點。作為一個哲學家，不同於
詩人或者小說家，馬庫色不僅是表達了一種烏
托邦，更重要的，他還要處理這樣的問題，即
烏托邦如何可能？（以幻想形式存在的）烏托
邦如何終結？也即烏托邦如何能不再作為幻想

存在？和單純的理想境界不同，烏托邦始終是
關於幸福生活的理想。而這種幸福生活，當然
是人的幸福生活。這就是說，一切社會指標
（效率、財富、身體狀況）最後要落實到生活
是否幸福這個「終極關懷」上。在這個意義
上，他認爲海德格彌補了被馬克思主義的經濟
分析所忽視的東西，即日常生活。但是，他又
認爲和馬克思主義相比，《存有與時間》所討
論的社會環境太抽象，「海德格的歷史性概念
也太一般了，不能解釋人類活動的真實歷史條
件」[13]。

　　實際上，在這種馬克思主義和海德格的思
想應該相互補充的想法中，隱含著的是一種這
樣一種想法：兩種已經分離的具體性應該再次
融合在一起，就是說，生活的具體性應該和歷
史的具體性融合在一起：生活的具體性本身應
該再次獲得一種歷史性的運動方式。只有這
樣，歷史才能重新成爲一種朝向幸福生活的歷
史。而這當然首先要求的就是這樣一種在意識
層面上的融合：關於生活的具體處境的意識要

和對歷史所處於的具體處境的意識融合在一
起。一方面，這種意識上的融合要求的是一種
理解上的融合：必須找到這樣一個理解的方式
──這個方式必然會表現為一套特定的話語，
以至於就是一套描述性的話語──當我們使用
這套話語的時候，我們就能夠這樣地理解我們
自己的具體的日常生活，使得這種具體性同時
成為歷史的具體性，就是說，在這套話語中出
現的是那些與未來和過去相關的、關於現在的
具體處境的理解。而一種理論工作[14]正是在
這個意義上成為一種正面的，積極的工作：它
為一種意識作準備 [15]。

　　可是，正是因為這裡所要獲得的融合是意
識的融合：按照馬克思主義社會存在決定社會
意識的觀點，意識基本上是一種被動性的東
西。這就是說，即使理論活動能夠打造出一套
話語工具，根本上仍然需要實踐來使得這套工
具對於這個社會是合用的[16]。這裡所謂的「合
用」，就是指這套由理論活動打造出來的話語
成為對於這個來說是「適切」[17]的話語。從這

裡我們看出，理論和實踐的關係首先不是通常哲學理解中的觀念和實現（realization）之間的關係，也根本不是傳統馬克思主義意義上理論對實踐的指導（instruction）關係，更不是科學一技術體制下實踐對理論的應用（application）關係。實際上，理論和實踐一樣，都是一種活動，這是兩種相互之間具有夥伴關係的活動，它們都是為了同一目的——即達到某種社會意識——而施行的手段[18]。在後面的部分中，我們會更詳盡地解釋這種新型關係。這種理論活動和實踐活動的嶄新關係一方面使得馬庫色以及其它批判理論家明確地把自己的活動限制在理論的範圍之內，另一方面也使得馬庫色的主要工作並沒有放在提出「具體」的烏托邦或者社會理想上。這是他和傳統烏托邦主義者[19]，比如托馬斯・莫爾或者傅立葉完全不同的地方[20]。馬庫色所試圖建立的是，是一整套話語，而這一整套話語，從內容上，可以分成三個相互合作的部分：不滿和抱怨，分析和描述，以及憧憬。

　　對於馬庫色來說，無論是他對理論與實踐
的關係的反思，還是他自己的寫作的形式特
點，這一點都是一以貫之的。從外部描述來
說，把馬庫色說成是「畢生致力於把某些哲
學思潮與馬克思的學說相結合」確實非常合
適 [21]。但是這種結合的目的卻不是補充任何
一種體系中的缺陷和盲點，而是要重新構造出
一整套的話語來。和葛蘭西或者盧卡奇不同，
馬庫色始終不是一個「黨的理論家」，而是一
個獨立的思想家。

第二節　作為雙重批判的重述

　　儘管教職論文的主題是黑格爾的歷史理
論，但是從 1932 年開始的卻不是馬庫色的所
謂「黑格爾時期」，而是他的「馬克思時期」。
因為在這一年他看到了同年剛剛出版的馬克思
在巴黎寫就的《1844年經濟學—哲學手稿》。
當年馬庫色就發表了一篇重要的論文，即〈歷

史唯物主義基礎的新材料〉[22]，來論討馬克思
的這個手稿。在這篇論文中，以馬克思對人的
本質的定義為基礎，馬庫色開始嘗試融合歷史
必然性和人的本質的發展之間的裂痕。

　　馬庫色認為，正是馬克思對人的本質的理
解為馬克思自己後來的經濟學批判奠定了革命
的基礎。實際上，按照馬庫色的觀點，透過對
資產階級經濟學中的事實的重新敘述，馬克思
把經濟學事實轉變成為一種關於人的事實：

　　　　資產階級的政治經濟學，正像這兒所
　　批判的那樣，並不把異化和外化本身看作
　　一種事實。而對社會主義的政治經濟學來
　　說，只有當這種理論被置於馬克思（在我
　　們正在加以探討的這種研究中）所制定的
　　基礎之上時，這種事實才是「存在」的。
　　所以，我們必須要問，這是一種什麼樣的
　　事實（因為它和政治經濟學的所有其它的
　　事實有著本質的區別），在什麼基礎上它成
　　為顯而易見的，並且能被如實地加以敘述。

　　　對異化和外化的實際情況的敘述，開始時似乎完全是在傳統的政治經濟學及其原理的基礎上進行的。……

　　　但是，假如我們更進一步地考察馬克思對外化勞動的敘述，我們就會有一個令人注目的發現：這兒所闡述的並不僅僅是一個經濟問題。這是人的外化、生命的貶損、人的現實的歪曲和喪失。[23]

　　這種轉變是透過把勞動作為整個概念結構的中心而作出的。勞動是經濟學的事實，在這個意義上，經濟學對勞動者的勞動方式作出了經濟學的描述。但是勞動者，作為具體的人，同時又不僅僅是勞動者。在這個意義上，即使是勞動方式這個經濟學中的事實也要求被重新描述：按照「人的存在方式」這個視角被重新敘述一遍。從勞動出發，馬庫色繼續介紹馬克思在這份手稿中的工作：從對象化與被對象化理解人的本質；從占有出發理解私有財產；從對象化理解占有；從一種真正的占有到人對人

自身的自我創造，歷史性的創造；最後，馬克思對黑格爾在人的本質以及歷史運動上的看法的批判。

就本文的目的而言，有兩點值得討論。

在整個評述中，馬庫色始終是在兩個層次上討論馬克思的工作的。一方面，馬庫色把馬克思的手稿看成是一個成功的、正確的重述：在具體如何理解勞動、異化勞動、物化、外化、私有財產等概念方面，馬克思成功地把這些概念轉變成關於人的本質和人的本質發展的概念。並且成功而正確地建立起一個關於人的本質的革命性的理解。這樣，馬克思不僅建立起一個關於未來應該如何的設想——在這個意義上提出了一個烏托邦——而且就同時對現狀做出了一種批判。但是，在另外一個現在看起來更爲重要的層面上，馬庫色不斷地捍衛和讚美馬克思的這種轉化本身，或馬克思在手稿中使用的　「工作方式」，從而做出了另外一重批判：

認為經濟事實植根於一個一般的概念
中，植根於人與對象的關係中，這似乎是
對實際事實的一種異想天開的、唯心主義
的歪曲。……正是這一種「表面看來的
歪曲」表現了馬克思在理論上的一個極為
重要的發現：從經濟事實到人的因素的突
破，從事實到行為的突破，把被凝固了的
「情形」和它們的規律（這些規律在其物
化形式中是同人的力量沒有關係的）放到
運動中，放到它們的歷史發展的進程中加
以理解。[24]

由於同樣的原因，「粗陋的共產主
義」也遭到了馬克思的尖銳的批判，它也
不把注意力集中在人的本質的現實性上，
而是在事物和對象的世界中糾纏，因而它
自己也是處在異化之中。[25]

這裡應該注意的是，這種捍衛和讚美並不
僅僅是在「方法」的領域內作出的。正如經濟
學事實絕不是單純的經濟學事實而是事關人的

本質一樣，「方法論」同樣如此。正如我們在上面引用的，那種不關心的人之本質的理論「自己也是處在異化之中」。正是在這裡，由於理論的工作方式本身具有了生存方式的意義，所以這種方法論批判構成了不同於前面第一個層次的另外一個批判層次。其實，這種方法論在生存方式上的意義也並不難以理解。從最不相干的論證來說，如果方法論意味著一種操作指南，那麼操作方式本身已經是一種生存方式。其次，考慮這樣一種情景。如果能如實地看到一系列事實根本性地決定著我們的未來的生存方式，同時，如果能如實地 [26]看到這個事實系列反過來又根本性地被一種看的方式所決定，那麼這種看的方式也就根本性地決定著我們未來的生存方式。在這個意義上，看的方式實際上已經成爲生存的一個環節。而這一點，恰恰是馬庫色所認爲的馬克思的關鍵性突破：

　　馬克思對私有財產的起源的考察表現

了他的理論的一種開創性的新「方法」。馬克思從根本上確信，只要人能自覺地認識他的歷史，他就不會陷入到他還沒有創造自己的狀態中去，並且確信，只有人才能把自己從任何狀況之中解放出來。[27]

可是，如果方法具有生存的意義，那麼很顯然，方法論批判就是生存方式的批判。這一點，如果說在這篇論文中還沒有成為主題，那麼在《單向度的人》中，這就成為整本書的主題了。無論如何，雖然沒有構成明確的工作主題[28]，但是馬庫色在這篇論文中仍然明顯地在兩個層次上闡發了馬克思手稿的重大意義。也許沒有自覺，但是批判活動的兩個環節，即具體批判和方法論批判，已經出現在這篇論文之中。以後，我們也把這種具體批判稱為「控訴」，而把「批判」這個詞留給「方法論」批判。

馬庫色對手稿的討論另有一點值得一提。這就是勞動在手稿中的地位。按照我們在上面

的說法，這個問題屬於具體批判的內容。首先，勞動是使整個對經濟學的重述得以可能的起點：勞動是勞動者的勞動，從而是人的勞動。其次，因為勞動不單單是勞動者的勞動，它還應該是人的勞動，人的外化，人對外部對象的自由占有。而因為所謂自由占有恰恰意味著「自覺地占有」。所以關於勞動的憧憬又承擔著這樣一個任務，即從這種憧憬我們要規定出人的自覺意識的存在方式，這種存在方式就是意識到自己所處的歷史條件的限度，並且克服它。勞動的這種在憧憬中所占有的中心地位一直在馬庫色自己的思想中保留下來了。這在我們以後的分析中可以看到。不過，勞動的重要性還體現在另外一點上，這就是，勞動作為現實性，替代了黑格爾對人的本質的那種精神性的看法：

〔在黑格爾那裡〕人的本質的歷史僅僅是作為自我意識的歷史，或者甚至只是作為自我意識範圍內的歷史展開的。[29]

　　這就是說，正是在這個替代中，一種批判
理論才成為實踐的，因為與黑格爾的理論相
比，它現在是針對現實而作的批判，而不是針
對某種意識作的批判：

　　　　黑格爾所提及的異化了的人的存在的
　　形式，並不是異化了的現實生活的形式，
　　而只是意識和知識的形式；黑格爾所涉及
　　和加以揚棄的並不是「現實的宗教、國
　　家、自然界，而是本身已經成為知識的對
　　象的宗教，即教義學；法學、國家學、自
　　然科學也是如此」。[30]

　　正是後兩個原因使得馬庫色在後來的研究
中一直沒有放棄勞動的中心地位。也就是說，
雖然批判並不直接針對異化勞動，但是關於未
來生活的憧憬仍然要以勞動的快樂化作為一個
根本性的標準，只有當勞動成為非異化的勞動
時，快樂才成為現實的。單純在「文化生活」
中獲得的快樂仍然不是現實的，如果這種
「文化生活」和勞動分離，從而成為異化勞動

的合謀者的話。實際上，文化的可消費性正是建立在這種分離的基礎上的：一邊是地獄般的勞動，一邊是「天堂」般的享樂。對文化的這種規定就是後來馬庫色說的「補償」。這就讓人自然地得出一種對當前的勞動狀況的批判性結論。這一點我們馬上就要看到。

　　不過，我懷疑我已經把大多數人給弄糊塗了。什麼雙層結構？什麼生存和生存論？什麼生存把生存論作爲一個環節或者一個部分包含在自身之內？什麼「具體批判」和「方法論批判」，而且居然還說方法論批判就是生存方式的批判！

　　其實我們暫時還真的用不著這麼多詞，把問題說得這麼複雜。考慮到這一點，我們不妨舉一個有點「男性主義」（masculinism）的庸俗例子來把事情簡化一下。假設你現在站在鏡子前面刮鬍子。當然了，你不可能一下把所有的鬍子都刮掉。所以，這裡面就有一個「歷史」。同時，很明顯，你得靠鏡子來刮 [31]：之所以如此，是因爲你得靠鏡子的幫

助才能知道你刮得乾淨不乾淨。你看，「乾
淨」是你的目的，我們姑且就叫它烏托邦。而
鏡子的用途是用來「反思」（reflect）。當然，
僅僅有鏡子也是不成的，你還得有你自己。就
是說，你得自己來判斷在這一刀或者兩三刀下
去之後，到底算不算是刮乾淨了，如果你覺得
沒刮乾淨，你就會說（如果有人問的話）：
「這兒沒刮乾淨」。這就是抱怨或者叫控訴
（具體批判）。如果你愛在刮鬍子的時候嘮叨
兩句「要是刮乾淨了該多好啊」之類的話，那
就算是憧憬。這些都不算什麼。現在的關鍵的
是，在上面的說法中我們提出了兩個必要性：
鏡子和你自己的判斷能力。假設現在，你刮到
一半的時候，有人拿走了鏡子，或者使用某種
方法讓你喪失了判斷能力。你就得作點什麼來
反對這種做法。如果你是用說話的方式，這
就叫批判。如果他們的做法很巧妙，那麼在
批判中就要包括對他們的手法的分析：只有
這樣才能揭露他們的邪惡，從而達到反對他
們這種做法的目的 [32]。

　　這裡有幾點值得注意：（1）這種批判的合法性是建立在這個判斷上的：鏡子和你的判斷能力是必要的。而這個判斷現在是一個事實判斷，它依賴於你刮鬍子時的具體情景。假設，讓我們設想，你是在理髮店裡，那麼這個判斷立即不成立。（2）在我們的例子裡面，這個批判是外在於烏托邦的，就是說，它雖然是必要條件，可它不是烏托邦（刮乾淨鬍子）的內容的一部分。現在假設我們把我們的烏托邦改改：不僅是刮乾淨鬍子，還得是「自己動手刮乾淨鬍子」（比如，我們覺得自己刮會比較有樂趣）。在這種情況下，批判的合法性或者必要性就是從烏托邦的內容中推衍出來的。這樣一來，批判的合法性就不再需要（1）中的判斷進行。它現在依賴的是烏托邦自己的合理性。我們可以把這樣一種批判和烏托邦之間的關係稱作「強聯繫」。實際上，這種強聯繫能夠強到這樣一種地步：烏托邦不僅是蘊涵了批判的合法性或者必要性，它甚至包含著批判的起點、視野，以至於在某種程度上就決定進

行批判的方法。在這個意義上，就有：（3）如
果批判的合法性或者必要性和烏托邦的內容有
強聯繫，那麼批判中就會包含一部分控訴。至
於為什麼會這樣，我們會在下節詳細討論。

　　這裡我們先兌現我們在第一節作的一個承
諾。在那裡我們說，有一種新的理論和實踐的
關係，即不是應用，也不是指導，也不是實
現，而是一種夥伴關係。這種夥伴關係的實質
是，批判理論本身就是一種實踐，所以理論和
實踐的關係才是夥伴關係。要說明這個，還是
刮鬍子的例子就挺好。假設現在有人搶走了你
的鏡子，然後你開始批判了（最簡單的形式）
「拿別人的鏡子是不對的！」。他不還你。你馬
上開始實踐：揮舞手中剃刀將其擒獲。很明
顯，這裡的關係不是前述三種，而只能說是合
作關係[33]。實際上，批判是一種特殊的實踐
形式，一種話語實踐。而且，就馬庫色（而不
是刮鬍子）而言，批判活動這種話語實踐的目
的是維護烏托邦的現實性。這就是說，批判把
烏托邦從它的那種幻想性（空想）的存在狀態

挽救回來（因為這種存在狀態的幻想性其實是
被「理性」強行設置成這樣的）[34]，從而維
護它原來作為理想而存在的存在形態：烏托邦
的現實性，不是指它已經我們知道，這個結論
現在還沒有從現有的行文中獲得充分的「地
基」。不過，我們會在下一節對《單向度的
人》的討論中詳細地解釋這種說法。

第三節　烏托邦的政治學：不滿、
憧憬、控訴、批判

　　有了前面的種種準備，現在我們就可以討
論馬庫色的兩本也許是最重要的著作了：《愛
欲與文明》和《單向度的人》。在我看來，這
兩本書構成了一個整體，就是說，原來在〈歷
史唯物主義基礎的新材料〉中一起出現的東
西，現在分成了兩本書。在前面我們講到，馬
克思透過對經濟學事實的重述而提出了一個烏
托邦（人對世界的自由占有），同時這種烏托

邦也是一種控訴（「異化勞動──不自由占有
──是不好的！」）。在另外一個方面，雖然沒
能成為主題，但又反覆出現的是馬庫色對馬克
思這種方法的辯護，以及由此而對另外一些方
法的批判。現在，可以說，在《愛欲與文明》
中，馬庫色做的是馬克思在手稿中的工作，不
過這次被「改造」的具體科學不是經濟學而
是心理學[35]。所以，在這裡既有烏托邦，又有
控訴。實際上，《愛欲與文明》的第二部分被
稱為一個小規模的《希望的原理》[36]。而在
《單向度的人》中，馬庫色則把作為生存方式
批判的方法論批判主題化了。

　　在馬克思的手稿的研究中，馬庫色已經發
現了問題，或者說異化勞動問題。在《愛欲與
文明》中，馬庫色仍然認為異化勞動構成了資
本主義社會的主要問題。但是，問題是，單純
說「異化勞動」，說「他們卻是在為某種設施
而勞動，並且對這種設施無法進行控制，這
是一種個體若想生存就必須屈從於它的力量」
[37]，仍然不能構成有效批判。因為，問題在

於，為什麼「屈從於某個外在的設施」的勞動是不好的，不人道的？

在手稿中，馬克思是從某種多少有些先天的理論構架中論證這個問題的。實際上，手稿時期的馬克思未加批判地從費爾巴哈接受了這樣的觀念，即人的幸福就在人自由地占有對象。或者這麼說，「異化（即對象反過來壓迫主體）是一種不幸狀態」是馬克思整個「人類學」的前提。現在，馬庫色實際上在佛洛伊德的後設心理學，在他的本能欲望理論中找到了這麼一個基礎。從佛洛伊德的理論出發，異化勞動的非人道的地方就在於它是一種壓抑，一種對人的欲望的壓抑。

但是，佛洛伊德自己關於壓抑的「正統學說」是壓抑是文明進步的必要代價。這樣一來，從壓抑來論證異化勞動的不合理性就遇到了一個重大的困難。因為，如果壓抑是不可避免的，那麼異化勞動也是不可避免的。即使這確實造成了某種不適，那這也是文明的進步所必須付出的代價：沒什麼可抱怨的。

　　所以，文明和壓抑的問題就成為對於這個問題來說性命攸關的事情：能否針對異化勞動的現狀而發出一種合理的抱怨？在這裡，抱怨的合理性就是控訴的合法性的根據。同時，也就是論證烏托邦之應該擺脫幻想（空想）狀態的合法性的根據。在《愛欲與文明》中，馬庫色試圖解決的就是這麼一個問題：由文明所造成的壓抑是不是有可能與個體的本能欲望和解？而這個問題就等同於：壓抑與本能的和解是不是具有合理性？因為，如果真的存在一種可能性，在這種可能性中，壓抑和本能能夠和解，那麼，就沒有任何理由不使這種可能性成為現實：壓抑一旦喪失了必要性，也就喪失了合法性。

　　雖說按照佛洛伊德自己的說法，這是不可能的。但是馬庫色認為在佛洛伊德自己的理論中就隱含著這種可能性。他把這稱之為「精神分析的暗流」。要理解這種可能性，有兩個要點。第一，馬庫色發現，並不是所有的壓抑都對欲望的滿足是一種損害，相反，有些壓抑

還能帶來更大的滿足。與此相應，就還有另外
一些壓抑是根本反對滿足的。第二，馬庫色進
一步發現，現實對本能有兩種壓抑，一種是
「基本」壓抑，另一種則是所謂「額外壓抑」
（surplus repression）。那種能帶來更大的滿足
的壓抑是基本壓抑的一種，它和人的快樂的、
正常的、自然的成熟有關，比如，性敏感區的
集中。另外一種基本壓抑則是產生於匱乏。就
是說，如果社會的生產能力不足以滿足每個人
的需要，那麼這種在需要和產品之間的差額就
必須被組織起來。於是，首先，個體得從一個
中介（比如，福利國家）那裡獲得滿足。同
時，生產也被組織起來了，以求在有限生產能
力下的最佳效能（performance）。如果我們把
追求快樂的滿足稱作是快樂原則，那麼遵守現
實的限制，利用這種限制獲得快樂的原則就可
以稱爲現實原則。而在當下這個歷史時期的現
實原則因追求效能被馬庫色稱作是 「效能原
則」（performance principle）[38]。在這個特定
的時期，由於人不能直接滿足自己的需要。所

以快樂原則就必須讓位於現實原則。一方面，這是個心理學上的事實。但是，這是整個社會「價值標準體系所發生的變化」，這個變化是從直接的「滿足、快樂、享樂（嬉戲）、接受、沒有壓抑」，到對應的「延遲的滿足、限制快樂、苦役（工作）、生產、安全感」[39]。

　　所謂心理學的事實，恰恰是這種社會「價值」[40]標準變化的內化。可以看出，這種壓抑是必不可少的。同時，它並不反對快樂的滿足。畢竟，延遲的滿足仍然是一種滿足；在布洛赫那裡，恰恰是延遲的滿足[41]才能稱之為「願望的滿足」（否則就只是欲望的滿足），不過布洛赫也講「此時此刻的滿足」的終極理想狀態。還有，在個體心理學的層次上，這種內化恰好使得自我得以形成。但是，「自我」的形成一方面是壓抑的結果，但壓抑的另外一個功能卻是使個體在當前的處境下能夠得到滿足，而且更重要的是，使得個體能夠有能力自主地獲得滿足。在這個意義上，它擴展了個體獲得滿足的能力。實際上，只有有了「自

我」，才有所謂「個體」：in-divid（e）-ual（不可分的）。這個表述對於整個人類也是成立的：

> ……而這種基本壓抑乃是人從原始人向現代人發展的標誌。那股限制和指導本能內驅力並使生物必要性成為個體的需要和欲望的力量，不是減少而是增加了滿足……它們使人有能力把實現願望的盲目必然性轉變成所欲求的滿足。[42]

可以看出來，這種壓抑是文明的進步所必要的。但是，在每一個歷史時期，和這種基本壓抑交錯在一起的總是額外壓抑。即使是性敏感區向生殖器官的集中也受到了影響。這裡的關鍵是，作為中介的社會組織力量越過了自己生存的合理性所劃定的界限而給個體施加壓抑，其目的則是使自己「持久存在」[43]。在這裡，馬庫色區分了「統治」和「合理地行使職權」。

這樣一來，在區分了基本壓抑和額外壓抑

之後，控訴的目標就相當明確了：額外壓抑。

　　但是，單純說額外壓抑來源於社會組織力量超過合理限度的自存欲望並不充分。這只是指出了來源，那麼，如何更為具體的區分額外壓抑和基本壓抑？額外壓抑的表現是怎樣的？這些問題都要求對本能及其受到的壓抑作更為具體的分析。

　　不過，在這裡我們並不想被牽扯進關於佛洛伊德前後期理論中的各種關於本能的理論的複雜討論之中。我們只說最後的結論。按照馬庫色的看法，所有的有機體都有一種回復到它的無機狀態，回復到沒有興奮，完全安靜的死寂之中的傾向。為這種傾向提供能量的是一種中性的能量。之所以說它是中性的，是因為它有同等的可能被轉用到「愛欲」（Eros）和死欲（Thanantos）中。這就是說，愛欲和死欲只是兩種能量的使用形式。這就是說，當興奮出現的時候，愛欲和死欲分別代表兩種使興奮自由外流的不同策略——對於佛洛伊德來說，興奮

的自由外流，從而消失，就是滿足。整個圖象
可以粗糙地說成是這樣：當外界使得有機體出
現興奮的時候，有機體可能出現兩種欲望，一
種是愛欲，另一種是死欲；愛欲得到滿足的方
式是與外界「融合」，而死欲得到滿足的方式
則是破壞興奮者：有機體自己 [44]。

　　這樣一來，整個生命的過程就變成了愛欲
（或者叫生命本能）和死欲的鬥爭。在整個個
體生活史中，都是依賴著愛欲相對於死欲的強
大，生命才得以延續。無論是死欲還是愛欲，
都和文明相互衝突。因為，即使是愛欲，在它
的直接滿足的情況下，也會使整個社會組織所
需要的各種欲望無法實現。比如，生殖功能得
不到實現。可是，很明顯，和死欲不同 [45]，
愛欲是文明可以利用的本能：至少在它延長個
體的生命的基礎上。這樣，按照佛洛伊德的說
法，由於愛欲被文明透過昇華的方式而被利
用，從而被削弱，它對死欲的控制能力也被削
弱了。個體就表現出一種對文化的破壞性。

　　不過，馬庫色對這種說法頗有微詞。這裡

的關鍵是，完全忽視了現實原則的正面作用。
我們前面已經說過，現實原則在某些情況下可
能能增進對欲望的滿足，在這種情況下，對愛
欲的昇華甚至會增加愛欲而不是削弱愛欲。這
樣一來，愛欲對死欲的控制力就不是減弱，反
而是加強了。但是，如果這裡出現的是額外壓
抑，事情就完全相反。額外壓抑會削弱愛欲從
而會使得本能中的破壞性的一部分暴露出來。
對於這一點，我們有一個外部的表徵。這就是
馬庫色說的補償機制，或者「壓抑性反昇華」
（repressive de-sublimation）。所謂補償機制，
就是把由於愛欲的削弱而失去控制的破壞性本
能宣洩到具有性意味的「文化消費品」中。
它的具體實現就是文化工業。在這個意義上
說，正是當文化成為消費品的時候，我們就可
以判斷這裡出現了額外壓抑。

　　從那種具有正面作用的現實原則出發，馬
庫色認為現在可以有相當的理由指出這樣一種
美好社會：在這個社會中，沒有額外壓抑；現
實原則，也就是理性，和愛欲達成了和解。應

該注意的是，這種美好社會並不依賴於完全的自動化。就是說，不是依賴於讓所有的人都可以不參加勞動，而是在於讓勞動本身，透過理性的控制，符合於愛欲所提出的要求。作為社會理想的完全自動化只應該是這個發展方向上的一個極端。在這個極端上，我們又重新回到了直接滿足的狀態：人和自然的直接同一。但即使在這個階段之前，這個社會也已經是美好的。在這裡，馬庫色強調的是要把愛欲的要求表達在對勞動任務的規定中 [46]。可以想像，如果這種表達能夠實現，如果勞動的任務也能夠讓愛欲獲得滿足，那麼我們就獲得了一個統一的而不是分離的生活。因為在這種生活中，所有的活動都既符合理性，同時又能滿足愛欲的要求。

　　下面的問題就是一個比較實際的問題了。如何消除額外壓抑？這裡的實際困難是，額外壓抑雖然是一個社會事實，卻是透過對個體的心理而發生作用的。所以，額外壓抑的結果不僅是延長了某種壓抑形式，更重要的是完全取

消了個體反抗的能力：令個體陷入一種盲目狀態。所以消除額外壓抑的兩個要點是：（1）透過個體抵抗這種「遮蔽」；（2）從理論上揭露這種額外壓抑的「陰謀」。對於第一點，馬庫色找到的是記憶（或者，印記）。注意，記憶不是個體對原始狀態中快樂和現實原則統一的美滿狀態的回想。回想是一種心理活動，記憶則是有機體上的痕跡，它是「綜合」（synthesis）這一認識功能的基礎。以對原始和諧狀態的記憶為基礎，綜合這一認識功能把「在歪曲的人性和歪曲的自然中所能發現的那些支離破碎的東西重新組合在一起。」[47]而這種記憶所提供的素材就成為想像的領域。它被保存在藝術中。但是，藝術作品的這種保存可能會被那種受到額外壓抑控制的理性斥為「幻想」（空想）。所以，另一方面，必須運用理性來改變理性，把保存在藝術作品中的原始記憶重新變成一種可能性，這後一方面的工作，就是批判。這也正是《單向度的人》的工作。

　　《愛欲與文明》第一版出版在1955年。而
《單向度的人》第一版則是在1964年。從馬庫
色在前一本書的三個不同的序言（第一版序
言，1961年標準版序言，1966年政治序言）來
看，補償機制越來越成為他注意的中心。在第
一版序言中，完全沒有看到對相關內容的敘
述，到了標準版序言中，開始討論補償和壓抑
性反昇華，而到了政治版序言中，用了整整一
頁的篇幅來說明這個問題。很明顯，這種注意
力的轉向是和馬庫色越來越強調這本書的政治
意義分不開的。而《單向度的人》，在某種程
度上，就是一個政治行動。它的導言的題目是
「批判的停頓：沒有反對派的社會」，而第一
章的標題則是：「控制的新形式」。實際上，
這本書的整個內容，就是在分析各種使得個體
對額外壓抑的抵抗能力消失的社會「技倆」。
由於我們的目的是分析馬庫色的烏托邦思想，
所以這種揭露的具體內容就超出了我們的討論
範圍[48]。我們這裡關心的是批判的目的或者
作用，而不是批判的具體內容。

　　實際上，我們可以從《單向度的人》的導論中，看出這種作用。按照在導論中的說法，批判性的分析的目的是指出在現存的社會的各種可能存在方式中，哪一種對於改善人類生活來說是最好的。同時，批判性的分析要想能夠成為批判性的分析，就必須超越現成給定的事實，而要按照那種被拒絕和被否定的可能性來分析這些事實。緊接著，馬庫色說：

　　　　但是，在這裡，發達工業社會卻使批判面臨一種被剝奪基礎的狀況，技術進步擴展到整個統治和協調制度，創造出種種生活（和權力）形式，這些生活形式似乎調和著反對這一制度的各種勢力，並擊敗和拒斥以擺脫勞役和統治、獲得自由的歷史前景的名義而提出的所有抗議。

　　這就明確表明，這裡的批判是對批判自身的維護，也就是說，是對那種為現存社會指出各種可能性，並按照這種可能性來對社會進行分析的社會理論的自身存在的維護。這種維

護，實際上就是維護人在他自己的歷史中對未來的多種可能性的自覺意識。顯然，這種維護當然應該包括著這樣的內容，即要把這種自覺意識到的可能性作為可能性，而不是作為「不可能」維護起來。否則，我們就只是在維護一些幻想（空想）而已。這樣，我們就完成了我們在第二節的末尾提出的任務，即解釋批判為什麼是對烏托邦的現實性的維護這個問題。

註　釋

[1]在回答西德學生的提問(「你在何種程度上在英國的波
普運動中看到了一種感性的──愛欲的生活方式的積極
的出發點?」)時馬庫色說:「……我被認為斷言說,
在今天學生反抗運動自身就能成就革命。第二,我被
認為曾經斷言說我們在美國稱為嬉皮你們稱為
Gammler(垮掉的一代)的人是新的革命階級。我的觀
點和這類斷言相差得很遠。……你剛才提到的群體,
就它那種處於系統中卻沒有被整合的狀態來說,是非
常典型的,它作為單純的現象沒有任何革命性的力
量,不過也許在某個時間它能在與其它的,更為強有
力的客觀力量的聯合中扮演某種角色。」Herbert
Marcuse, *Five Lectures: Pychoanalysis, Politics, and
Utopia,* Boston: Beacon Press, 1970, p.69. 這個演講(
The end of Utopia)以及對提問的回答都是馬庫色在
學生運動期間作的(1967年西柏林,自由大學)。

[2]馬庫色給阿多諾的信,1969年4月5日(La Jolla),
轉引自 Rolf Wiggershaus, *The Frankfurt School: Its
History, Theories and Political Significance*, trans. by
Michael Robertson, Polity Press, 1994), pp.633-634.

[3]霍克海默,《批判理論》(重慶出版社,1989年)英譯
者導言,「馬庫色吸引學生主要是由於他的控訴」。

[4] 我們可以粗糙地這樣理解：生存論是關於生存的意義的，生存則是指生存方式。

[5] 由於我們不是嚴格的歷史著作，而是以解釋思想為目的。所以，可以理解，會出現一種用後面的思想解釋前面的說法的情況。

[6]Herbert Marcuse, *Der deutsche Künstlerroman*, in *Schriften*, vol. l, Frankfurt am Mein, 1978，p.16，333；〔ibid., p.96〕.

[7]「現在想想我們的青年，他們在唱什麼？」——羅大佑《之乎者也》。

[8] 這個論文沒有作為教職論文而被通過。

[9]Adorno, Review of *Hegels Ontologie, Zeitschrift für Socialforschung*（以下簡稱 ZfS）I, 3（1932），p.410. 轉引自馬丁‧傑，《法蘭克福學派史（1923-1950）》，單世聯譯，廣東人民出版社，1996，第 36 頁。不過，關於這同一段話，還有另一種譯法。在 *Hegel's Ontology and the Theory of Historicity*（Massachusetts, Cambridge: MIT Press, 1987，trans: Seyla Benhabib）的譯者前言中，這段話被翻譯成：he tends from the "meaning of Being" to the disclosure of beings（「他從『存有的意義』趨向於對諸存有者的揭示」，xxxi）這裡的區別在於，依照第二種譯法，阿多諾就沒有提到「在世存有」（in-the-world-Being），也沒有提到「開放性」（openness），即此有的開放性。相反，提到的是存有者（beings）和揭示（disclosure），即此有對存有者的

揭示。由於找不到阿多諾的原文（原文是德文），而現在這兩種譯本都是德文轉譯到英文之後再變成中文的（第二個中文是我自己譯的），所以實際上暫時是「死無對證」。但是不妨先在這裡指出這兩種說法的區別。實際上，這兩種說法的關鍵差別在於人獲得自己的歷史的方式。如果按照第一種譯法，那麼人是透過對自己的存在的領悟——在這個意義上，他就是此在——而獲得自己的歷史的。可是如果按照第二種譯法，人就不是透過對自己的存在的領悟，而是透過對把自己當成是存有者，透過揭示這種存有者的本質，而獲得自己的歷史的。

[10] 姑且只把存在看成動詞。

[11] 不過，關於阿多諾的這同一段話，還有另一種譯法。在 *Hegel's Ontology and the Theory of Historicity*（Massachusetts, Cambridge: MIT Press, 1987, trans: Seyla Benhabib）的譯者前言中，這段話被翻譯成： he tends from the "meaning of Being" to the disclosure of beings（「他從『存在的意義』趨向於對諸存有者的揭示」，xxxi）這裡的區別在於，依照第二種譯法，阿多諾就沒有提到「在世存有」(in-the-world-Being)，也沒有提到「開放性」(openness)，即此有的開放性。相反，提到的是存有者(beings)和揭示(disclosure)，即人對作為存有者的自己的揭示。由於找不到阿多諾的原文（原文是德文），而現在這兩種譯本都是德文轉譯到英文之後再變成中文的（第二個中文是我自己譯

的），所以實際上暫時是「死無對證」。但是不妨先
在這裡指出這兩種說法的區別。實際上，這兩種說法
的關鍵差別在於人獲得自己的歷史的方式。如果按照
第一種譯法，那麼人是透過對自己的存在和一般存在
的領會和理解──在這個意義上，他就是此有──而
獲得自己的歷史的。在這種方式中，對存在的理解能
力是人獲得歷史性的根據，運用這種能力則是人成為
具有歷史性的人的原因（cause）。可是如果按照第二
種譯法，人就不是透過對自己的存在的領悟，而是透
過對自己當成是存有者，透過揭示這種存有者的本
質，而獲得自己的歷史的。這裡不僅是缺失了一般存
在這一項。而且，領會和理解始終是被動性，而揭示
或者規定本質，則是主動的。還有，「本質」這個詞
始終具有某種「剛性」或者說是「堅固性」。它更
"positive" 就是說，更是正面的或者積極的甚至實證
的。因此，它更富有動員能力。與之相比照，理解和
領會更像是批判和拒絕的根據。這樣一來，如果把對
本質的揭示看成是人具有歷史性的根據，就會產生這
樣一種後果，即把人之具有歷史性，把人的歷史性生
存理解成人按照某種本質所要求的來進行自我實現。
也許這裡正是海德格和黑格爾的區別。而馬庫色，下
面會看到，可以理解成在兩者之間，或者說是一個
綜合。

[12]這其間還有胡塞爾的一些幫助：當時是胡塞爾請法
　　蘭克福大學的一個董事把馬庫色推薦給霍克海默的。

　　不過開始並沒有起什麼效果。

[13]馬丁‧傑,《法蘭克福學派史(1923-1950)》,單世
　　聯譯,廣東人民出版社, 1996 ,第86-87頁。

[14]因為我們尋找的是一種理解的可能性,所以這種尋
　　找可能性的活動就可以被恰當的稱為「解釋」。

[15]除了「話語─工具─打造」這種說法之外,當牽涉
　　到理解的時候,也可以使用「空間‐尋找/打開」這
　　樣的理解模式。不過前者落得更實。

[16]解釋的成功不是話語合用的證明。就像即使我們能
　　用螺絲刀來開酒瓶,也不能證明螺絲刀對於開酒瓶是
　　合用的。那只是「湊和能用」而已。所以,不僅是能
　　解釋成功,關鍵是要不牽強。否則就變成文字遊戲
　　了。

[17]話語的恰切性本身構成了一個題目:適切感是怎麼
　　產生的?這反過來提問為什麼語言有解釋力,以及為
　　什麼解釋有牽強和自然之分。我們顯然無法在這裡
　　討論這個問題。就算我們把問題縮小到「描述性話
　　語」──一個描述怎麼算是恰切的,為什麼你覺得它
　　恰切?──依然是複雜的問題。

[18]注意,在這種理論和實踐的關係中,通常所說的理
　　論相對於實踐的優先性(提供方向)和滯後性(反思)都
　　不是這種關係的必然屬性:兩種情況依賴實際條件的
　　不同就會自然不同。實踐自己產生話語,但是這種話
　　語未竟調理,不成套。所以情況既可能是由理論活動
　　來整理已經形成的話語。也可能是一整套話語被首先

構造出來。當然，最通常的情況是這理論和實踐活動相互激發。

[19] 這裡出現的「主義」並不是真的。隻是因為漢語中沒有「烏托邦者」這樣的表達法，才不得不說「烏托邦主義者」。

[20] 要是按照後現代主義者的說法，那馬庫色的做法簡直變成了「一種為了榮譽而以人的名義、理性的名義、創造性的名義或社會類別（如第三世界或青年學生）的名義提出來的抗議」。

[21] 馬庫色，《愛欲與文明》（黃勇、薛民譯，上海譯文出版社，1987）「譯者的話」，p.2。不過，每看到這句話，我的腦子裡總是浮現出某個以改良物種為己任的工作人員辛勤工作的形象：這個描述也過分外在了。

[22] 英文的名稱是 The Foundation of Historical Materialism，載 *Studies in Critical Theory*, London: New Left Book, 1972。英譯中見《法蘭克福學派論著選輯》。

[23] 〈歷史唯物主義的基礎〉，載《法蘭克福學派論著選輯》，第 298-299 頁。

[24] *ibid.*, p.304。在這段的結尾，馬庫色專門提到了「這一方法的革命意義」。

[25] *ibid.*, p.301.

[26] 「如實的」並不一定是「普遍的」或者「普適的」。實際上，和「本身」一樣，它總已經是和看的方法聯

　　繫著的了。

[27]*ibid.*, p.329.

[28] 但是有對相關主題的討論。實際上，在整個第五
　　節，馬庫色都在討論人的自覺意識在他的本質發展中
　　的地位。第六節在很大程度上也和人的自覺性有關。

[29]*ibid.*, p.336.

[30]*ibid.*, p.338. 薛民（譯）、黃頌傑（校）譯。單引號內的
　　是馬克思的原文（《1844 年經濟學—哲學手稿》，人
　　民出版社，1979 年，第 124 頁）。

[31]我知道也有不用鏡子單純用手摸的，但是那效果就
　　比較的不好。

[32]很明顯，既然通常來說壞人都比較狡猾，所以「批
　　判」中總是有「澄清」這層意思也就不令人吃驚了。
　　（這是個笑話，雖然可能不太好笑。）

[33]可以預料的反駁是，「……是不對的」也算是理論？
　　但是，這只是最簡單的情況。如果你還說了一些理由
　　來為你這個「不對」做辯護呢？還有，當你開始像馬
　　庫色那樣分析資本主義的不對的時候，沒有理論你是
　　根本做不到這一點的，但這仍然不改變理論和實踐的
　　這種夥伴關係。不過要注意的是，這裡的夥伴關係可
　　能會引起一種錯覺，就是馬庫色覺得批判和實踐應該
　　成為一種分工。實際上，恰恰相反，馬庫色是說這兩
　　個東西，雖然是兩個東西，但應該是統一在個體身
　　上的。

[34]關於這種設置，不應該把它想像成是一個唯一的設

置者像手裡拿著理性，就好像一個裁判拿著自己的哨子一樣來把某種東西裁決成幻想。不是這樣的。運用理性不是運用理性的權威。情況更像是，不同的人在經過一個十字路口的時候，都出於理性而選擇了某個方向。正是在後一種圖象中，理性才能起到作用：說服後來的人在選擇再次來臨的時候選擇正確的道路。因為只是在後一種圖象中，理性在「錯誤」的選擇中也產生了作用。理性只對理性自己有辦法，說到它自己的權威，那它也是無能為力。

[35]「……但如果個體既無能為力，又不可能自為存在，那麼心理學術語就成了歸屬於那些對心靈進行規定的社會力量的術語。在這樣的情況下，再用心理學來分析社會政治事件，就等於使用一種已經被這些事件所戕害了的進路來進行研究。而真正的目標其實是要相反：要去發展心理學概念的政治學的和社會學的實質。」，《愛欲與文明·第一版序言》，P12。譯文根據英文版（*Eros and Civilization: A philosophical Inquiry into Freud*, Beacon, 1974）有所改動。在導言中，馬庫色再次強調這一點：「我們關心的不是要糾正或改進對佛洛伊德概念的解釋，而是要恢復這些概念的哲學和社會學意義」。同上，頁21。

[36] 我們試舉兩章的標題。第七章：「幻想與烏托邦」；第八章：「俄耳浦斯〔Orpheus〕和那喀索斯〔Nacissus〕形象」。

[37]*ibid.*, p.28.

[38]中文版《愛欲與文明》將performance譯為「操作」，易與 "operation" 混淆，不妥。

[39]*ibid.*, p.4。不過我還是依據英文版作了改動。把joy（play）不是翻譯成「歡樂（消遣）」而是翻譯成「享樂（嬉戲）」。

[40]價值只不過是個體最先接觸到的事實或實在而已，它決不是最有根據的事實。只有現實才是。

[41]不過，馬庫色的「延遲的滿足」單指那種遵循現實原則，藉由理性的方式所獲得的滿足。布洛赫用這個詞所指的範圍更大。

[42]*ibid.*, p.23。「所欲求的滿足」原來是「所尋求的滿足」（desired gratification）。

[43]*ibid.*, p.24.

[44]*ibid.*, pp.12–17.

[45]*ibid.*, p.33.

[46]關於這一點，請參見Herbert Marcuse, *An Essay on Liberation,* Boston: Beacon, 1969，pp.20–22.

[47]馬庫色，《審美之維》，李小兵譯，北京：三聯，1989，頁141–142。

[48]不過，可以說幾個有趣的例子。(1)機械化。按照書中的報導，機械化對人的奴役不以壓迫的方式出現——而對原來的體力勞動者是這樣的——卻是以支配的方式出現的。它不僅占有人的身體，而且占有人的心智，成為思想控制的一部分。(同上，頁26)(2)縮寫。馬庫色說，把各種組織的名稱用縮寫除了方便之

外，還有另外的效果，那就是掩蓋這種組織存在的目的。使得人們不去注意它們，「有助於壓抑那些不愉快的問題」。比如，他說，把北大西洋公約組織縮寫成 NATO，「不會使人聯想到『北大西洋公約組織』所指的東西，即在北大西洋國家中間締結的一項條約──在此情況下人們或許會追問有關希臘和土耳其也使成員國的問題。」(《單向度的人》，劉繼譯，上海譯文出版社，1989，頁 86)(3)怨言的具體化。這個策略的關鍵是把不滿限定在具體的可解決的層次上。比如，工人對勞動的條件抱怨被具體化成「盥洗室太髒」，「工作危險」，「工資太低」。而繼續調查則發現(比如)「盥洗室太髒」是由於雇員的疏忽。結果，抱怨最後產生的後果是公司制定了一系列像禁止吐痰、不能亂扔廢紙制度來約束雇員自己：抱怨不能上升成控訴。(同上，頁 98)

結　論

第一節　美夢成真的三重根據
—— 記憶、藝術、批判

　　現在也許到了把答案和盤托出的時候。在本章的一開頭，我提出了兩個問題：一種烏托邦能夠以什麼形態存在？它又如何能夠不僅僅停留在幻想（空想）之中？現在，我的回答是這樣的：

　　一個烏托邦，在馬庫色這裡，首先存在於某個關於人的本質的理論之中，無論這種關於本質的理論是開始時的勞動理論，還是後來關

於人的本能的理論[1]。這種本質學說包含著：
人所應當成爲的狀態。但是，我們應該看到，
在馬克思關於人的本質的學說中，歷史性是作
爲一個部分包含在內的：人就是他的本質的實
現。而在本能學說中，烏托邦不是作爲某個歷
史的終點，而是以一種理想的生活方式出現
的。這個差別引發了下面的差別。

　　實際上，我認爲，即使不把佛洛伊德本能
理論當成是某種關於人的本質的理論，我們依
然能夠論證這種烏托邦的合法性。這和馬克思
的勞動烏托邦完全不同。整個問題的關鍵是在
於，本能是活動在個體身上的，所以由於本能
的未能得到滿足而引發的不滿和憧憬是當下可
驗證的：由我們自己的感覺就能得到驗證。相
反，勞動烏托邦的感覺證據就相當的不明顯。

　　不過，建立在本能基礎上的烏托邦仍然有
自己的問題。第一，嚴格說來，如果單純講愛
欲與死欲的統一的話，那麼這仍然不是建立在
本能基礎上的烏托邦，而是建立在某種本能理
論上的烏托邦。第二，如果從感覺出發論證不

滿和憧憬的合理性，就會有這樣一個危險，即
感覺是受到外界現存社會的塑造的。特別是在
發達工業社會中，對個體心理的控制已經達到
非常精密的程度。

　　所以，烏托邦仍然需要找到一個真正的基
礎。對此，馬庫色的回答是：記憶。以對原始
美好狀態的記憶爲烏托邦的根據，同時解決上
面兩個問題。一方面，記憶是感覺，而不是感
覺理論。它是個體實際具有的心理狀態，或
者，更好的說法是，身體狀態。另外一方面，
感覺可能會被改變，但是，記憶卻相對來說更
爲穩固：它直接來源於本能。如果說感覺的改
變是因爲現實發生了改變的話，那麼只要本能
不變，記憶就一直保持不變。

　　但是現在遺忘就作爲最大的危險出現在眼
前。爲了抵抗這種危險，我們需要藝術，藝術
的想像來源於這種記憶 [2]，但是它把這種記憶
的內容作爲未來的可能性呈現出來。與之相呼
應，批判則在另一方面發揮作用：它使得保存
在藝術中的記憶仍然作爲我們的未來的可能

性，而不是一種和我們的實際無關的幻想
（空想）。為了達到這一點，批判就必須以理
性的方式揭露那種在額外壓抑下發生了變化的
現實的不合理之處。它必須把種種被固定在封
閉領域中的事實重新理解成關於人的生活的事
實。而這也包括著要把自己從封閉的領域中擺
脫出來。

　　而正是在這一點上，在我們重新理解各種
已經被限定在封閉領域中的事實的活動中，我
們的記憶發揮了根本性的作用。按照馬庫色的
說法，記憶就是一種認識，一種綜合。我的理
解是，它也是我們對被封閉了的事實進行重新
敘述的基礎。記憶作為本能的表達者，會產生
一種先在的立場和先在的眼光。正是在這種眼
光之下，我們對現成的、被封閉了事實的重新
敘述才能是「適切」的，才是和整個的批判的
任務（即維護烏托邦的現實性）相關的。實際
上，正是在這種眼光之下，我們才有關於本能
的理論。

　　最後，應該解釋我們的標題：最前的和最

後的。

「烏托邦的棲息地」即是指我們的那種獲得了本能的眼光的記憶，也是指從這種記憶中獲得的藝術；同時，也是指那種批判，它能夠讓這種藝術成爲屬於我們自己的藝術。因爲，記憶不僅表達在藝術之中，它也因爲給重述提供基礎而被表達在這種批判之中。

至於說「美夢成真」，我們不是說，夢想已經實現。其實，我們的意思是，透過批判的維護，那種表達在藝術中的記憶，我們的烏托邦理想，終於能夠成爲我們生存的真理。不過，也許，我們應該在這整個的說法前面加上兩個字：但願。

第二節　　冒險與歸家

布洛赫在《希望的原理》的篇尾，將未來的理想社會比喻爲「家」（Home），他說，「家的光芒幾乎照耀過每一個童年，然而，至今還

沒有人真正地在家」。

我們中國人對家最有感覺了，餘華在小說《活著》和《許三官賣血記》中，最深刻地揭示出血親關係中孕含著的家的理想與家的光輝。什麼是家？家就是使我們感到溫暖、感到安全和自在的地方，家是岸上、是港灣、是流浪者的庇護所。迄今為止，人無家可歸，所以歸家是人的理想。我們無數次仰慕嚮往的那個「家」，常在世俗家庭（family）中顯露其蹤跡，這是因為，在正常的家庭中，最初是無謀生能力和自衛能力的孩子們得到了關愛與庇護，在成年人撐起的保護傘下度過無憂無慮的童年。後來長大了，世間一切陰險、狡詐、野蠻、無奈，一起向他們襲來——幸好這時候，他們成家了，洞房花燭，妻賢子嬌，於是下班之後，能獨上小樓成一統，能伸伸懶腰，說說私房話，在親人面前放縱一下束縛已久的真情實感。天地何其大哉，真正屬於自己的，不過一角，真正得安逸的，不過一隅！門外是風寒，門內是熱

湯，窗外是漆夜，窗內是明光！飽經磨難的
中國人最能理解這一點了。

　　《活著》中的福貴，在破落潦倒的時候，
學會了珍重妻子、珍惜家，可是災難一次又一
次地襲來，他愛的和愛他的親人們一個接一個
死於非命，每一次意外事故都冷酷無情地打碎
了他加倍珍惜的家，然而正是透過這「損而
又損」的剝奪，家的光輝才格外顯耀：家的
光輝如破雲而出的春日陽光，撒在苦到了極點
的人的頭上。還有什麼苦什麼痛，比失去至愛
親人還要苦還要痛呢？可是苦裡有光，這光是
希望。《許三官賣血記》中的許三官為了三個
兒子去賣血，甚至為老婆和別人生的「野種」
賣血，最後為了治小兒子的病，他竟從家鄉小
鎮一路賣血到上海！親子之愛僅僅用「封建糟
粕」四個字是概括不了的，僅僅用血緣來解
釋也是不夠的，父母對子女的愛實際上早就超
越了血緣關係，這愛裡還有愛：對無助生命的
無限關懷！難怪基督教要用父愛來比喻上帝之
愛，要跪倒在聖母腳下。仔細想想，古人

「天下一家」的理想也是不無道理的；「四海之內皆兄弟」也並不會妨礙法治。天下成了溫暖的家，狹路相逢的路人變成了親人，這難道不是我們發自內深處的嚮往嗎？

當然，世俗家庭和人間的一切機構、一切組織一樣，絕不會沒有污點、沒有瑕疵。因此布洛赫才說，「家的光芒幾乎照耀過每一個童年，然而，至今還沒有人真正地在家」。我們只是從世俗家庭中窺見了家的光輝而已。家還在遠方。迄今為止，我們還沒有找到適宜於我們棲居的家園。「家園」作為「至善」，猶如星辰懸掛於天際，而我們微弱的燭火，我們代代相傳的火炬，隨時可能熄滅在尋找的途中。

我們無家可歸，無論如何，我們都出發了，我們走在尋找家園的途中。我們出發了，出發是我們的宿命，靈魂一落到肉體中來，就不得不出發。靈魂在世間永遠處於欠缺狀態，所以不得不出發尋找。最初是伸胳膊蹬腿的「欲」，後來是「願望」和「白日夢」，最後是「烏托邦期盼」。我們懷著滿心的希望上了

路。這時候我們是少年，我們的夢想和野心隨
著青春的血脈躁動不寧。我們覺得天很寬、地
很闊，家太狹小，我們要去冒險。前方曖昧不
明，但我們有希望，一想到未來，我們的心就
砰砰跳。我們每個人都胸懷大志，都把自己當
成大人物。當我們像褪掉一件舊衣服一樣褪掉
碰了壁的理想時，我們或者從此精明世故，不
問理想，或者繼續燃起新的希望，踏上新的征
途：

　　　我們較動植物更急切地隨此而冒險，
　　有時比生命本身更為大膽一絲。

　　　　　　　　　　〔里爾克，1924 年 6 月〕

　　其實我們並不知道前方究竟有無好東西，
有哪些好東西，我們只是希望得到更好的東
西。因此，我們在冒險。冒險有時候是沒有明
確目標的，真正動人心魄的目標往往就在冒險
的途中成形。忽然，我們會明白自己 在尋找
什麼，剩下的任務只在於找到恰當的方法：於
是，「眾人之中之他，出人意料，可望成為大

師」（海德格，《詩人思者》）。有時候，我
們會像哥倫布一樣，去尋找印度，卻意外地找
到了新大陸。峰回路轉，柳暗花明，豁然別有
洞天。然而迄今爲止，還沒有人在地球上找到
桃花源。烏托邦是地圖上查不到的地方。所
以，當大師們在藝術中恬然安居，他們卻仍然
沒有真正抵家。藝術的光明境界類似於天堂，
卻絕非天堂，無法脫離肉身的靈魂只是做了一
個關於天堂的夢，並藉藝術居留在對天堂的希
望之中。莫扎特拈自天堂的樂段，實際上是靈
魂對極樂世界的仰慕和嚮往。一切宗教徒達到
的極樂境界，無一不是大音希聲的純希望本
身：

　　〔靈魂〕感到自己羽翼已經長成，急
　於展翅高飛，可是又做不到，於是像一隻
　鳥似的，引首高瞻，不顧下界事物。

　　　　　　　　　　〔柏拉圖，《裴多篇》〕

　　我們無法達到永恆的幸福。一切的歡樂稍
縱即逝。「譬若朝露，去日苦多」。因此馬庫

色說，時間是我們最大的敵人，而布洛赫則
說，死亡是一切烏托邦的死敵。因此馬庫色說
要用回憶來克服死亡，因爲在回憶中一切的歡
樂已經變得永恆，然而緊接著他又說，「但
這種對時間的征服還只是藝術上的、不真實
的」[3]，後來，他用一種更爲現實的或者說更
爲接近馬克思的態度，談到對死亡的「真實」
的征服：「理性和本能在這場鬥爭中將聯合起
來。在真正的人類生存條件下，在十歲、三十
歲、五十歲或七十歲時的病死與生命得到實現
之後的『自然』死亡之間的差別，可能是一種
值得竭盡全部本能能量予以爭取的差別。」[4]
布洛赫與馬庫色相比，可以說是個非理性主義
者，他可能真的相信，在遙遠的將來，我們真
的能征服死亡。從較深的意義上來說，布洛赫
也許是對的。基督徒賭上帝存在，並不完全是
喪心病狂，上帝如果真的存在呢？靈魂如果真
的可以不死呢？我們也許可以真的在永恆的宇
宙精神中復活呢？既然我們能想像這種情況，
這種情況爲什麼不會真的出現呢？我們之有精

神，既然已是如此神奇、如此不可思議的一件事情，我們爲什麼不能想像精神可以獨立於肉體獲得不朽呢？

因此，布洛赫在氣質上一點也不像馬克思，他更接近於歌德筆下的浮士德。浮士德是一個永遠躁動不安，永遠向前追尋的形象。浮士德象徵了我們自身的生命意志或精神衝力。精神就像煙火，不斷向上昇騰，在無垠的大氣中，綻放如星、吐蕾如花。從本質上來說，我們是不安寧的，永遠無法完全滿足的。馬庫色接受了佛洛伊德的「愛欲—死欲說」，認爲人一方面是求快樂的，另一方面則趨向於絕對的死寂，也即有機體的解體。這種說法有一定道理，不過還嫌太死板。

馬庫色太靠近佛洛伊德，他總是愛從「人性」上來談人：愛欲是人性中本來有的，只是受到了壓抑，受到了扭曲，受到了遺忘，因此要喚起本能的記憶，不過這種回歸是帶著理性的回歸，最終達到的理想國是愛

欲與理性和解的國度。這種說法顯然把人欲
中的某種東西看成是固定的、不變的。實際
上，人是一種形式的動物，人欲只是一種動
力，人將獲得什麼樣的形式尚未設定的。用
布洛赫的話來說，人是開放的，人就是一個
X，人還不是完美的。因此，人最終的至善
狀態，只是人所遙想的一個目標。對於什麼
是至善，人現在還沒有完全弄清楚。人只是
在要求更好的東西。好，即善，在英文裡是
一個詞：Good。至善即最好的東西，渴望達
到至善，就是要比更好的東西更加好的東
西，要好上加好的東西，我們或許能具體知
道更加好的東西是什麼。例如對某某來說，
更好的東西是皮大衣，但我們在眼下絕對不
可能知道最最好的東西是什麼。人只是嚮往
至善，並有可能達到至善，但至善並不是預
先設定的，只能走到哪兒算哪。這就是冒
險，冒險充滿了未知，也就充滿了誘惑。

　　然而，誰也不能永遠為了冒險而冒險。
精神總是希望真的得到最好的東西。唐吉訶

德不是爲了冒險而冒險，更不是在自欺，他
真的以爲自己正在成爲一名騎士英雄。他要
成爲一名騎士，最後也就真的成了一名騎
士。布洛赫曾講過一個故事，故事說一個小
男孩聽見風笛聲，便受了強烈的吸引，跟著
吹笛人走出了村莊，很多年以後，當他再回
村莊時，已然是一名優秀的風笛手。這裡還
有一個真實的故事：貝占桑的一個官吏尤斯
特·繆隆過得寂寞無聊。小城市的日常生活
非常單調，風俗帶有鄉下味道，趣味不甚高
雅，一點小事也會鬧得滿城風雨。此外，由
於童年得的疾病，繆隆完全失去了聽覺。耳
聾使他精神感到孤獨。但他並不是一個平凡
的人。他不像別人那樣甘心忍受刻板無聊的
鄉居生活。……他在追求一種東西，探索一
種東西，可是連他本人也不確切知道這個東
西是什麼。繆隆讀過各種各樣的書，但他仍
不滿足。有一次，在1814年，他偶然得到一
本奇怪的著作，書名叫《四種運動論》。他開
始閱讀這本書，頓時就被吸引住了。在他的

眼前展現出一個新的世界。他恍惚離開了故
鄉的小城市，走出了曲巷陋屋的狹小世界，
而立即置身於和諧社會的華麗宮殿，置身於
幸福快樂世界的廳堂。傅立葉的這本書使他
產生了深刻的、不可磨滅的印象。繆隆決意
要尋訪這本書的作者……[5]書沒有署真名，
但繆隆終於把作者找到了。後來，繆隆成為
傅立葉忠實的門徒，一個傅立葉主義者。真
的，人總是有出門冒險的衝動，說不定真的
能成功！一開始，他或許搞不清自己真正喜歡
什麼，搞不清自己有什麼能耐，但如果不邁
出家門，他就很可能一輩子也弄不清。

　　冒險在隱秘之處藏著歸家的企圖，渴望
當下的幸福和全面的滿足。但這不是像佛洛
伊德、馬庫色所說的那樣有愛欲也有死欲，
死欲與歸家的企圖不是一回事。家園是一個
太高的理想，它永遠像太陽懸在夸父的前
方。我們並不因為家園達不到就不去冒險尋
找，因為我們已經就在冒險的途中。這是因
為：人自出生之日起，即在冒險前行的途

中。

　　烏托邦並不僅僅棲居在理性的批判中。
我們可以以任何方式尋找更好的東西。

　　只有我們做不到的,沒有我們想不到的。

註　釋

[1]馬庫色認為佛洛伊德的本能學說具有本體論的意義。見《愛欲與文明》，頁76。

[2]我們在此基礎上討論「（神話）原型」對藝術作品的作用。我們可以說，現代藝術對原型的借用是我們和古人的「身體交流」。神話原型是古人出於愛欲的表達，而今人則透過這種表達追溯他們的愛欲，這種追溯則成為觸動我們身體的「靈機」（inspiration）。

[3]馬庫色，《愛欲與文明》，上海譯文出版社，1987年，第172頁。

[4]馬庫色，《愛欲與文明》，上海譯文出版社，1987年，第174頁。

[5]〔蘇〕阿·魯·約安尼相，《傅立葉傳》，汪裕蓀譯，商務印書館1961年版，第57頁。傅立葉在這本書中描繪了必將到來的「和諧制度」的圖象，還抒發了許多莫名其妙的狂想，書自出版後幾乎無人問津。

主要參考書目

一、英文部分

1.E. Bloch, 1986. *The Principle of Hope*, three Vol, The MIT Press, Cambridge, Massachusetts.

2.E. Bloch, 1988. *The Utopian Function of Art and Literature*, The MIT Press, Cambridge, Massachusetts.

3.Frank E. Manuel and Fritzie P. Manuel, 1979. *Utopian Thought In The Western World*, The Belknap Press of Harvard University Press.

4.V. Geoghegan, 1987. *Utopianism and Matxism*, Methuen & Co. Ltd.

5.Wayne Hudson, 1982. *The Marxist Philosophy of s Ernst Bloch*, The Macmillan Press Ltd.

6.Marcuse, Herbert, 1970. *Five Lectures: Psychoanalysis, Politics, and Utopia*, Beacon.

7.Marcuse, Herbert, 1979. *An Essay on Liberation*, Boston: Beacon Press.

8.Rolf Wiggershaus, 1994. *The Frankfurt School: Its History, Theories and Political Signigicance*, Polity Press.

二、中文部分

1.《馬克思、恩格斯全集》，人民出版社，舊版。

2.《馬克思、恩格斯選集》，人民出版社，舊版。

3.《列寧選集》，人民出版社，舊版。

4.《毛澤東選集》，人民出版社，舊版。

5.《馬克思、恩格斯、列寧、史達林、毛澤東論歷史唯物主義》，王正萍主編，北京師範大學出版社，1982年。

6.《馬克思、恩格斯論無神論、宗教和教會》,鄭天星編,華文出版社,1991年。

7.《空想社會主義學說史》,浙江人民出版社,1981年。

8.《空想社會主義者代表著作評介》,吉林人民出版社,1984年。

9.《中國近代的無政府主義思潮》,山東人民出版社,1990年。

10.《社會主義思想史》,〔英〕G. D. H. 柯爾著,商務印書館,1990年。

11.《烏托邦思想史》,〔美〕喬·奧·赫茨勒著,商務印書館,1990年。

12.《法國空想共產主義》,〔蘇〕維·彼·沃爾金著,商務印書館,1980年。

13.《無政府主義思想資料選》,北京大學,1984年。

14.《西方馬克思主義》,徐崇溫,天津人民出版社,1982年。

15.《用馬克思主義評價西方思潮》,徐崇溫,重慶出版社,1990年。

16.《國外馬克思主義哲學流派》，俞吾金、陳
　　學明，復旦大學，1990年。

17.《「新馬克思主義」傳記辭典》，重慶出版
　　社，1990年。

18.《當代西方著名哲學家評傳》第九卷「人文
　　哲學」，郭紅，山東人民出版社，1996年。

19.《馬克思主義與藝術》，〔美〕所羅門編，
　　北京：文化藝術出版社，1989年。

20.《西方馬克思主義美學文選》，陸梅林選
　　編，漓江出版社，1988年。

21.《「西方馬克思主義」美學研究》，馮憲
　　光，重慶出版社，1997年。

22.《人類困境中的審美精神》，劉小楓主編，
　　上海知識出版社，1994年。

23.《20世紀西方宗教哲學文選》，劉小楓主
　　編，上海三聯，1996年。

24.《走向十字架上的真》，劉小楓，上海三
　　聯，1995年。

25.《表現主義論爭》，張黎編選，華東師範大
　　學，1992年。

26.《馬克思主義與形式》，〔美〕詹明信，百
　　花洲文藝出版社，1995年。

27.《神聖名義下的爭鳴——西方馬克思主義導
　　論》，張峰，北京出版社，1996年。

28.《法蘭克福學派史》，馬丁·傑，廣東人民
　　出版社，1996年。

29.《意識形態論》，俞吾金，上海人民出版
　　社，1993年。

30.《理論視角的重大轉移——「西方馬克思主
　　義」的辯證法觀》，張翼星主編，重慶出版
　　社，1997年。

31.《愛欲與文明》，馬庫色，上海譯文出版
　　社，1987年。

32.《單向度的人》，馬庫色，上海譯文出版
　　社，1989年。

33.《審美之維》，馬庫色，北京三聯，1989
　　年。

34.《在幻想鎖鏈的彼岸》，佛洛姆，湖南人民
　　出版社，1986年。

35.《否定的辯證法》，阿多諾，重慶出版社，

1993年。

36.《烏托邦》，〔英〕托馬斯・莫爾，商務印書館，1996年。

37.《托馬斯・莫爾傳》，〔蘇〕奧西諾夫斯基，商務印書館，1995年。

38.《傅立葉傳》，〔蘇〕阿・魯・約安尼相，商務印書館，1988年。

39.《烏有鄉消息》，〔英〕威廉・莫里斯，黃嘉德譯，商務印書館，1997年。

40.《現實的人類和理想的人類：一個貧苦罪人的福音》，威廉・魏特林，商務印書館，1997年。

41.《十八世紀法國哲學》，商務印書館，1963年。

42.《歷史理性批判文集》，康德，商務印書館，1996年。

43.《精神現象學》，黑格爾，商務印書館，1996年。

44.《小邏輯》，黑格爾，商務印書館，1994年。

45.《先驗唯心論體系》，謝林，商務印書館，1992年。

46.《精神分析引論》，佛洛伊德，商務印書館，1996年。

47.《佛洛伊德美學論文選》，佛洛伊德，知識出版社，1987年。

48.《愛的秩序》，馬克斯・謝勒，三聯，1995年。

49.《價值的顛覆》，馬克斯・謝勒，三聯，1997年。

50.《純粹現象學通論》，胡塞爾，商務印書館，1995年。

51.《存有與時間》，海德格，三聯，1987年。

52.《基督教哲學1500年》，趙敦華，人民出版社，1994年。

53.《基督教史》，中國社會科學出版社，1995年。

54.《被釘十字架的上帝》，莫爾特曼，上海三聯，1997年。

55.《政治期望》，蒂裡希，四川人民出版社，

1992年。

56.《生存神學和末世論》，布爾特曼等，上海
　　三聯，1995年。

57.《大眾文化與當代烏托邦》，陳剛，北京：
　　作家出版社，1996年。

58.《大眾的夢——當代趣味與流行文化》，高
　　小康，東方出版社，1995年。

文化手邊冊　51

新烏托邦主義

作　　　者／陳岸瑛、陸丁
出 版 者／揚智文化事業股份有限公司
發 行 人／葉忠賢
登 記 證／局版北市業字第 1117 號
地　　　址／台北市新生南路三段 88 號 5 樓之 6
電　　　話／(02)2366-0309　2366-0313
傳　　　真／(02)2366-0310
網　　　址／http://www.ycrc.com.tw
E-mail／tn605547@ms6.tisnet.net.tw
 I S B N ／957-818-164-7
印　　　刷／偉勵彩色印刷股份有限公司
法律顧問／北辰著作權事務所　蕭雄淋律師
初版一刷／2001 年 4 月
定　　　價／新台幣 200 元

＊本書如有缺頁、破損、裝訂錯誤，請寄回更換＊

國家圖書館出版品預行編目資料

新烏托邦主義 ＝New Utopianism／陳岸瑛，
　陸丁著. - - 初版. - -臺北市：揚智文化，
2001〔民 90〕
　　面：　公分. - -（文化手邊冊；51）
　參考書目：面
　ISBN　957-818-164-7（平裝）

1.烏托邦社會主義

549.8　　　　　　　　　　　　89009377